専門職として成長し続ける
教師になるために

教職詳説

山﨑 準二・紅林 伸幸 編著

人言洞

【執筆者一覧】

山﨑準二＊	学習院大学教授	［はじめに，第15章，おわりに］
紅林伸幸＊	常葉大学教授	［はじめに，第2章，第14章］
金子真理子	東京学芸大学教授	［第1章］
栗原　峻	学習院大学助教	［第3章］
長谷川哲也	岐阜大学准教授	［第4章］
川村　光	関西国際大学教授	［第5章］
羽野ゆつ子	大阪成蹊大学教授	［第6章］
大島真夫	東京理科大学准教授	［第7章］
中村瑛仁	京都教育大学講師	［第8章］
酒井郷平	常葉大学講師	［第9章］
望月耕太	神奈川大学助教	［第10章］
髙谷哲也	鹿児島大学准教授	［第11章］
三品陽平	愛知県立芸術大学准教授	［第12章］
油布佐和子	早稲田大学教授	［第13章］

（執筆順，＊印編者，所属は執筆時）

はじめに──教職をめざす人のために

　本テキストは，21世紀の日本社会を担う主権者を育てる教職という仕事について，その実際と課題をわかりやすく解説することを目的としている。

　その21世紀も，はや四半世紀近くとなった。そしてその四半世紀近くの年月は，いま教職について学んでいる大学生たちの誕生から今日までの成育の舞台でもある。同時にその年月は，国内外の老若男女を問わず，すべての人々の生活にとって，歴史的な大波にさらされた激動の時代でもあったし，今後もなおいっそうその激しさを増していくことが予測される。

　第二次世界大戦後の国際社会を支配してきた「東西冷戦（社会主義国と資本主義国の対立）構造」は1989年のベルリンの壁崩壊と1991年のソ連邦崩壊によって幕を閉じ，戦後日本の国内政治を支配してきた「55年体制（1955年以来続いてきた自民党と社会党いう２大政党による政治体制）」もまた1993年に細川連立内閣誕生によって崩壊する。そうした1990年代における大きな変化を契機に，以後2000年代に入ってからはさらなる大きな激動が起こっている。国際社会は民族・宗教にかかわっての地域紛争とテロ行為が，日本社会では多様な政党が離合集散を繰り返しながら国際情勢に引きずられる形で軍備増強・憲法改正への動きが，それぞれ激しくなってきているのである。

　そうしたいわば人間界における変化だけでなく，自然界においてもさまざまな事象が発生し，私たちの生活と生命を脅かすまでになってきている。しかもそれらはたんに自然災害というよりは，人間界における営みが大きくかかわり，生み出してきてしまった人災ともいうべき出来事である。たとえば，地球温暖化と異常気象，地震や津波や豪雨とそれに誘発された事件・事故，原発事故による地域汚染と生活破壊などはその象徴ともいえる出来事である。

　そして，上述のような人間界と自然界に生じた出来事において，いつも被害者となるのは，社会的弱者であり，子どもたちである。

　教育政策としては，学習指導要領上の方針として，1960年代を中心とした高

度成長期のいわゆる「教育の現代化」路線から，それらの諸政策が生み出してきた「公害」や「受験競争」の激化，子どもたちのなかの「非行」や「落ちこぼれ」の増加といったことを背景として，社会全体の「低成長」期への移行とともに教育もまた1977-78年学習指導要領改訂によっていわゆる「ゆとり教育」路線への転換がはかられ，その後1989年改訂，1998-99年改訂によって同路線はいっそう強化されつつ約30年間続けられていった。

　それが再び大きく転換されることになったのが2008-09年改訂であり，いわゆる「脱・ゆとり教育」路線の登場である。学習量や学習時間が減った「ゆとり教育」路線の下で学校教育を受けてきた世代が「ゆとり世代」と揶揄されたのに対して，現在の大学生の多くは「脱・ゆとり教育」路線下の学校教育を受け育ってきた「脱・ゆとり世代」となる。変化が激しく，複雑で多様な要因が絡んだ社会的問題が生じてくる時代を迎えているとの認識から，学習量や学習時間の増加と同時に，たんに多くの知識を獲得することだけではなく，学習した知識をもとにした「応用力活用力」までも獲得することが求められるようになった。学校において獲得した知識は急速に日々更新されていき，かつ問題解決策として何が正解かということも一義的に確定しがたくなってきている時代状況に対応するためには，「リテラシー」や「コンピテンシー」といった国際的な学力調査（たとえば，PISA や TIMSS）において国際標準化が図られている「21世紀型学力」なるものの育成，そのために「主体的・対話的で深い学び」を実現する授業が必要であると喧伝されてきているのである。しかしその一方で，家庭の経済的文化的背景要因に規定された「学力格差」「学力の二極化」が子どもたちのなかで進行し拡大しきている。

　くわえて，産業界などから教育界に向けて盛んに発せられる 「Society 5.0」未来社会構想と「未来の教室」論議が進んでいる。さまざまなデジタル機器やAI（人工知能）を活用した新しい学習活動形態が提唱され，教科書ひとつとってもデジタル教科書はすでに（2019年度から）使用可能となっており，タブレットPC の貸与による教室・自宅でのオンライン学習などもまたコロナ禍のなかで準備も不十分なまま政策的に前倒しされ急速に推進されてきている。

そのような学習指導面での改革が進む一方で，生徒指導面・心の育成面でも１つの傾向が次第に色濃くなってきている。それは，敗戦後，日本国憲法施行の1947年に公布された教育基本法がおよそ60年の時を経て2006年に初めて「改正」され，それに伴って学校教育法もまた「改正」されたことである。その「改正」教育基本法には「第２条（教育の目標）」が新規追加され，そこに「態度目標」的性格の５項目が明記された。とりわけその第５項目は，「伝統と文化を尊重し，それらをはぐくんできた我が国と郷土を愛するとともに，…」との文言であり，それと連動させて学校教育法においても「第21条　義務教育の目標」の見直しが行われ，「…我が国と郷土を愛する態度を養うとともに，…」といった文言が明記されたのである。さまざまな日常生活経験のなかで自然に多様に自己形成されていくべき心の内面が，法律によって規定され，国家・公教育という学校学習経験のなかでその達成程度の評価を伴って意図的促進的に育成されるもの，となったのである。敗戦後の日本の学校教育では，戦前の修身科の反省から国家・公教育による教科書や評価を伴っての子どもたちの心の内面に対する直接指導は廃止されたが，1958年学習指導要領改訂における「特設　道徳」時間としての復活から，およそ半世紀を経て，2015年同上一部改訂による「特別の教科　道徳」の登場にまで回帰してきたのである。同時に，道徳教育の強化ばかりでなく，教科学習の内容にも変化をもたらしていった。たとえば，国語科は古典に関する指導が，家庭科は和楽器を含めた日本の伝統的な音楽や歌唱の指導が，それぞれ強化され，体育科（中学）は武道（柔道・剣道・相撲・なぎなた等種目）の男女必修化が行われたのである。

　しかしその一方で，子どもたちのなかでの「いじめ」「不登校」「発達障害等」，家庭における「（相対的）貧困」「児童虐待」などのさまざまな問題が増加・深刻化してきている。市場原理重視の「新自由主義的改革」推進の下で，学校・教師に対する保護者・地域住民たちの視線・態度も，「教育＝サービス産業」論が喧伝されるなかで，互いに協力・協同して子どもたちの育成に当たるというよりは，あたかもサービス提供者＝学校・教師に対する消費者＝保護者・地域住民であるかのような関係の下で，一方的で個人主義的な要求とそれへの対

応を迫り，ときには理不尽さを伴う無理難題要求さえも突きつけるというような方向へと変化してきている。「モンスターペアレント」といった用語に象徴されるような現象が生み出されてくる。

　こうした学習指導と生徒指導の両面で，次々と迫りきて対応が求められる，教育政策の激しい変化と，子どもたちや保護者・地域住民における深刻かつ多様な変化の状況下で，学校・教師たちもまた喘（あえ）いでいる。

　教師に対する管理政策も進み，2000年代に入ると，「児童又は生徒に対する指導が不適切」であり，研修等必要な措置が講じられたとしても「指導を適切に行うことができないと認められる」場合，教員以外の職種に配置転換できることや，「指導改善研修」の実施を義務づけ，それでも改善がされない教員に対しては「免職その他の必要な措置を講ずる」ことができるような法改正（2001年地方教育行政法や2007年教育公務員特例法の一部改正）が実施された。

　また教員評価制度も全国的に導入が進められてきている。多くの教員評価制度は，評価の目的として「職務遂行能力の開発」と「職務業績の評価」という2つがあげられているが，後者の目的が前面に出て，評価結果を賃金や昇進など待遇条件の決定にまで結びつけようとする傾向が強まってきている。そこでは，教員の仕事を評価する基準や手段（評価者の評価能力も含む）の客観性と評価する過程や結果の透明性とが問題となっている。さらに，2009年度から施行された教員免許更新制は2022年には「教員不足」状況の発生・悪化を背景として廃止されることになったが，それに代わって，2023年度からは「研修等に関する記録」の作成や毎年度の期首・期末における管理職との面談などが義務化されることになった。生涯にわたっての現職研修もまた，教育専門職者として自己形成していくための「権利としての研修」から各自治体等が定める「教員育成指標」に即した「義務としての研修」へと性格が変わりつつある。

　学校現場の「長時間過密労働」問題と教員の「メンタルヘルス（精神疾患等による病気休職者の増加）」問題が社会問題化し，マスコミなどからは「学校はブラック職場」などといった言葉さえも投げつけられている。

　「長時間過密労働」問題については，直近の2022年度実施（2023年4月28日速

報値公表）の結果によれば、「働き方」改革の一環としての取り組みが動き出しているものの、「依然として長時間勤務の教師が多い状況」であると報告されている。現在、「働き方」改革として、「業務の見直し」や「一年単位の変形労働時間制」の実施、さらには教育労働の特殊性に鑑み残業手当ではなく一律４％の手当支給（「教職調整額」）という給与システム自体の見直し議論（しかし行政府や政権政党における議論はシステムの撤廃という方向ではなくシステムを維持したうえでの増額という方向での見直し議論）も始まっている。「メンタルヘルス」問題については、2023年7月に公表された学校教員統計調査の中間報告（速報値）の結果によれば、2021年度に精神疾患を理由として退職した公立小・中・高校教員の数は統計を取り始めた2009年度以降で最多を更新した。

　以上のように時代の変化を捉えていくと、マスコミなどが盛んに強調するように、学校・教職は「ブラックな職場・労働」であるかのようなイメージばかりが膨らんでいく。そして教職課程履修学生数や教員採用選考試験受験者数の減少という若者の「教職離れ」も生まれはじめている。しかし、それでも教職を選択する若者は多い。それは、たんに子どもが好きであるとか、恩師との楽しい思い出の世界に惹かれてとか、あるいはほかの職業よりも安定した給与と身分保障があるから等々といった次元を超えて、次第に厳しくなる管理・統制や次第に複雑さ・多様さを増している学校・教師・子どもの現状をしっかりと認識したうえで、それでもなおそれらの状況改善を志向しつつ、子どもの成長にかかわり、子どもの成長を支え促していく仕事にやりがいと生きがいを感じ、そうした仕事に従事するなかで自らもまた教育専門職者として、人間として成長していくことを追求したいと考えているからである。

　本書は、そうした教育実践遂行上のたくましさとしなやかさとを有した若い「未来の教師」たちが、養成・採用・研修と続く40年余りにわたって、教育専門職者にふさわしい発達と力量形成を遂げていくために、教育学的な知見と展望を提示し、学習の一助となることを切望している。

2023年10月

編者　山﨑準二・紅林伸幸

【本書の利用の仕方】

◇各章は，それぞれのテーマについて執筆者が3つの問いを立て，その問いの回答として解説を行っています。3つの問いの答えとして学ぶと効果的です。

◇本文中の太字の語句は，とくに内容を詳しく理解しておきたい重要語句です。ネット検索をして，内容を確認しておきましょう。

◇重要語句の検索では，信頼できるサイトや記事の説明を参考にすることが大切です。情報の信頼性は，以下を参考にしてください。

（1）文部科学省等の省庁のウェブサイトに掲載されている情報

　省庁の語句説明は公式のものとして扱われます。施策を推進するための情報が多いので，新しい施策を理解するうえでは，最も有効です。ただし，情報量が多いので，いつの情報なのかをしっかり確認することが必要です。

（2）学会誌や大学の紀要に掲載されている学術論文の情報

　当該領域の専門家によって学術的に解説されています。また論文によってはほかの専門家によって内容に間違いがないことが確認されているものもあります。ただし一般的な語句説明ではなく，著者の学術的観点に基づく定義や説明になっていることを理解しておく必要があります。

（3）Wikipedia

　知の正当性を社会に開かれていることで担保する，新しい知の様式に基づくもので，利用者によって随時更新されていくことが特徴です。二次的な情報を掲載しているケースが多いので，必ず原典も確認する必要があります。

（4）そのほかのウェブサイト

　考えるヒントにはなりますが，語句の理解のためには勧めません。一面的で，個人的な好みに基づいた定義が用いられている場合があります。

◇各章の最後に，執筆者が章全体を振り返ることができる発展問題を用意しています。考えるプロセスを重視しているものもありますから，まず個人で取り組み，そのあと友だちと積極的に意見交換をして理解を深めましょう。

目　次

1　公教育のなかの教師

1　現代日本の公教育は，どのような理念のもとで営まれているのか

① 公教育と私教育

　本章では，公教育の理念，機能，構造的問題を捉えたうえで，教師の専門性について考えてもらいたい。そもそも公教育とは何だろう。安彦忠彦は，その対概念である私教育と対比させて簡潔に述べている。**私教育**とは，大人が自分や関係する子弟に対して自由に行っているもので，たとえば家庭教育・地域社会の教育・企業内教育・塾や予備校などの教育が含まれる。しかし，近代になって，その一部を国や地方自治体などの公権力が切り取り，国家的な見地から，政治的・経済的・社会的な要請をもとにして，意図的・計画的・組織的な教育を行うようになる。これが**公教育**である（安彦，2012）。

　日本の公教育は，教育基本法第6条で，「法律に定める学校は，公の性質を有するものであって，国，地方公共団体及び法律に定める法人のみが，これを設置することができる」（平成18年法律第120号）と定められている。「法律に定める学校」とは，学校教育法第1条に示されている「幼稚園，小学校，中学校，義務教育学校，高等学校，中等教育学校，特別支援学校，大学及び高等専門学校」であり，国公立のみならず私立学校も含まれる。

　学校が「公の性質」を有するとの意味については，文部科学省の資料「昭和22年教育基本法制定時の規定の概要」をみると，「広く解すれば，おおよそ学校の事業の性質が公のものであり，それが国家公共の福利のためにつくすことを目的とすべきものであって，私のために仕えてはならないという意味とする。狭く解すれば，法律に定める学校の事業の主体がもともと公のものであり，国家が学校教育の主体であるという意味とする」と示されている[1]。

　ただし近年，学校をベースとした公教育のあり方は揺らぎつつある。フリースクール関係者らの働きかけが発端となり，2016年「義務教育の段階における普通教育に相当する教育の機会の確保等に関する法律」が公布され，不登校児

童生徒を含む多様な人々の教育機会をどう確保するのかが政策課題になっている。2019年，文部科学省は，「不登校児童生徒への支援の在り方について（通知）」において，不登校児童生徒への支援は「学校に登校する」という結果のみを目標にするのではないことや，「不登校児童生徒の一人一人の状況に応じて，教育支援センター，不登校特例校，フリースクールなどの民間施設，ICTを活用した学習支援など，多様な教育機会を確保する必要があること」を明記し，これらを「指導要録上の出席扱い」とする条件についても示している。

② 教育の目的

つぎに，教育基本法が掲げる教育の目的をみてみよう。

> 第一条　教育は，人格の完成を目指し，平和で民主的な国家及び社会の形成者として必要な資質を備えた心身ともに健康な国民の育成を期して行われなければならない。
> （平成18年法律第120号）

まず，日本の教育は「人格の完成」をめざして行われていることを確認しておきたい。そのうえで，国民として求められている「平和で民主的な国家及び社会の形成者として必要な資質」とはいったい何だろうか。改正前の教育基本法を参照すると，もう少し具体的に示されている。

> 第一条　教育は，人格の完成をめざし，平和的な国家及び社会の形成者として，真理と正義を愛し，個人の価値をたつとび，勤労と責任を重んじ，自主的精神に充ちた心身ともに健康な国民の育成を期して行われなければならない。
> （昭和22年法律第25号）

すなわち，「真理と正義を愛し，個人の価値をたつとび，勤労と責任を重んじ，自主的精神に充ちた」と表現されるような資質の育成が，戦後日本の教育の目的すなわち「人格の完成」の要素として明示され，永らく掲げられてきたのである。そして公教育にはもう１つ重要な原則がある。

③「教育の機会均等」原則

1946（昭和21）年11月３日，「政府の行為によつて再び戦争の惨禍が起ることのないやうにすることを決意し」（日本国憲法・前文），「国民主権」「戦争放

棄」「基本的人権の尊重」が掲げられた**日本国憲法**が公布され，半年後の1947
（昭和22）年5月3日に施行された。同年3月31日には，「日本国憲法の精神に
則り，教育の目的を明示して，新しい日本の教育の基本を確立する」（教育基
本法・前文）ため，教育基本法（法律第25号）が公布・施行された。これにより，
「すべて国民は，法の下に平等」（憲法第十四条）であるとされ，**教育を受ける
権利**」と「**教育の機会均等**」が明文化されたのである。ここでは，憲法第二十
六条と教育基本法第三条（当時）を確認しておこう。

■**日本国憲法**（昭和21年11月3日公布，昭和22年5月3日施行）

第二十六条　すべて国民は，法律の定めるところにより，その能力に応じて，ひ
　としく教育を受ける権利を有する。
2　すべて国民は，法律の定めるところにより，その保護する子女に普通教育を
　受けさせる義務を負ふ。義務教育は，これを無償とする。

■**教育基本法**（昭和22年3月31日公布・施行，法律第25号）

第三条（教育の機会均等）　すべて国民は，ひとしく，その能力に応ずる教育を
　受ける機会を与えられなければならないものであつて，人種，信条，性別，社
　会的身分，経済的地位又は門地によつて，教育上差別されない。
②　国及び地方公共団体は，能力があるにもかかわらず，経済的理由によつて修
　学困難な者に対して，奨学の方法を講じなければならない。

　日本国憲法において，「その能力に応じて，ひとしく教育を受ける権利」と
義務教育の無償がうたわれ，教育基本法（昭和22年法律第25号）では，「教育の
機会均等」の実現のための「国及び地方公共団体」の責任が明文化された。2006
年に改正された教育基本法（平成18年法律第120号）では，さらに「国及び地方
公共団体は，障害のある者が，その障害の状態に応じ，十分な教育を受けられ
るよう，教育上必要な支援を講じなければならない」という一文が追加されて
いる。「教育の機会均等」原則はこのように憲法と教育基本法で明文化され，
戦後一貫して掲げられてきた教育の基本理念の1つだった。
　それでは，こうした理念は，戦時中の教育しか知らない子どもたちにどのよ

うに伝えられたのか。1947（昭和22）年
8月2日文部省が発行し，1952年3月（昭
和26年度版）まで中学校1年生用の社会
科の教科書として使われていた『あたら
しい憲法のはなし』を一読すると，日本
国憲法の理念や内容を子どもたちにわか
りやすく伝えようと苦心したことが伝
わってくる。そのなかには，「人間らし
い生活には，必要なものが二つあります。
それは『自由』ということと，『平等』
ということです」（童話屋編集部編，2001，
35頁）という言葉とともに，図1.1のよ
うな挿絵が挿入されていた。「教育を受
ける権利」は，「自由」「平等」と深くか

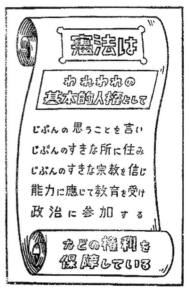

図1.1　憲法が保障する権利
出所：童話屋編集部編，2001，37頁

かわる不可欠な権利として，子どもたちに示されたのである。

　本節では，公教育のなかの教師がおさえておくべき基本的な知識として，戦
後日本の教育の目的と機会均等原則を取り上げた。これらは「戦争の惨禍」を
経て掲げられた崇高な理念である。ただし，公教育は社会のなかで相矛盾する
機能を担い，さまざまな社会的影響を受けているがために，その高い理想に近
づくには不断の努力を要するといわざるを得ない。

　学校には，主に2つの社会的機能がある。1つには，その社会の普遍的価値
を伝達することによって，子どもをその社会にふさわしい成員に育てるという
「**社会化機能**」である。2つには，教育を通して子どもを選抜し，社会的地位
や役割に配分してゆくという「**選抜・配分機能**」である。次節でその構造的問
題に迫る。

① 教育における不平等

じつは教育の機会均等原則は，「むしろ，現実の不平等を正当化するイデオロギー的側面をもっている」（柴野・菊池・竹内編，1992，253頁）と指摘されてもいる。これはどういうことなのか。日本の歴史を少し振り返ってみよう。

ドーア（Dore, R. P., 1976）は，「追いつき追い越せ」型近代化によって遅れて産業化を開始した国々で，学歴主義がそれだけ根深く急速に進行する現象を「後発効果」と呼んだが，この特徴は日本にもあてはまる。戦前に始まる日本の学歴社会化の歴史は，天野郁夫の歴史社会学的研究によって，おおよそ次のような過程として描かれている（天野，2006，275-290頁）。下級武士による「革命」（＝明治維新）を経た日本では，学校教育制度は伝統的な階級構造を維持するよりも，新しいそれを創出する装置としての役割を果たした。それはヨーロッパ諸国と違って，学校が旧支配階級の身分文化と断絶する形で制度化されたためである。これにより，日本の学校教育の「正系」は，ヨーロッパで「傍系」視された，産業化の担い手である新しい中産階級のための学校で占められた。階級構造の開放性に対応して，日本の学校制度も開放的であり，その開放性が人々の上昇移動への「野心（アスピレーション）」をたえまなく「加熱（ウォームアップ）」する役割を果たした。そこでは，「業績」としての知的能力に応じた教育機会の平等化が，産業社会の担い手を効率的に育てる手段として機能するとともに，社会的に支持された教育の政策理念になった。そして，学校が学力に現れた業績によって人々を評価し，また業績によって人々を競争的に選抜すればするほど，その結果として与えられる学歴（学校歴）は，社会的にも個々人の業績の象徴として認められるようになる。そしてその学歴が，産業化とともに拡大していく近代セクターと，近代的職業へのビザとなるとき，つまり教育資格＝学歴が「疑似職業資格」としての意味をもつようになるとき，そこに学歴主義が成立する。

以上の研究をもとにすれば，学歴社会と「教育の機会均等」原則は，近代日本の産業化過程に産み落とされた双子だったのである。しかし，悲惨な戦争を

経て，戦後の民主国家構築の理念の下で，「教育の機会均等」は，人間の「自由」や「平等」とかかわる人権の１つとして，それ自体，崇高な意味づけを与えられるようになった。「教育の機会均等」原則は，学歴社会を正当化する強力な根拠にもなったのである。

　だが，現実には，「教育の機会均等」は実現したとはいいがたい。戦後の教育拡大を経たのちも，教育達成においても職業達成においても，階層間格差が変わらずに残っていたからだ。だが，この事実は，「教育における〈不平等〉を不問に付す平等信仰」（苅谷，1995，199頁）により覆い隠され，世間では表立って語られることは少なく，ゆえに政策課題にもなかなかのぼってこなかった。そのかわりに，学業面での失敗は，本人の「努力」の欠如に求められ，「自己責任」とみなされる傾向が強かった。そんななか，家庭環境によって，生徒の進学機会のみならず，児童・生徒の学力，さらには学習意欲・学習時間に関しても格差が残り，それが拡大する傾向さえあることが，複数の調査で示されたのである。（苅谷・志水編，2004／苅谷，2001／松岡，2019）

② 社会化機能の空洞化

　以上では，学校が人材の選抜・配分機能を負わされ，「教育の機会均等」原則を掲げながらも不平等の再生産が行われている現状をみてきたが，こうした状況は学校の社会化機能にも影響を及ぼしかねない。ドーアは，以下のように指摘している（Dore, 1976＝ドーア，訳書2008, xviii 頁）。

> 　学校教育と称するものすべてが教育であるとは限らない。その少なからぬ部分は単なる学歴稼ぎに過ぎない。（中略）しかもその学歴稼ぎの内容たるや，単なる学歴稼ぎ以外の何ものでもない場合のほうが多い─形式的，冗長で，不安と退屈に満ち，探求心と想像力を窒息させる，要するに反教育的なのだ。

　学校が単なる学歴稼ぎの場と化した場合，学校の社会化機能が空洞化する傾向は否定できまい。そこでは，何をなぜ学ぶのかという教育の本来の目的が，現場の教師にとっても生徒にとっても二の次になりかねない。そうなれば，教育の内容がその時々の政治・経済・社会の要請によって容易に左右されても，教師も子どももそれに従うだけになるだろう。教育基本法が謳う目的とは逆方

向への，意図せざる社会化も起こりかねないのが学校という場なのである。

ドーアは，「学校にこの社会的選別の機能と教育の機能との一人二役を負わせたままにしておいて，選別機能が教育機能を圧倒することを防げると信じている点で教育改革者の考えが甘すぎる」（同上訳書，xix 頁）と喝破したが，現代の学校において，むしろ選抜・配分機能と社会化機能は密接に絡み合っているのが実情である。それならば，人々の関心がたとえ前者にあったとしても，何をなぜ学ぶのかという教育の内容に対する関心を喚起し，「単なる学歴稼ぎ」以上のなにものかを伝えられないものか。学校の社会化機能の真骨頂は，学歴社会のなかで，あえてこうした問題と向き合うなかで発揮されると思われる（金子・早坂，2018）。

③「昭和 9 年生まれの悲劇」

学校の社会化機能の問題は，空洞化だけではない。2017年の本屋大賞 2 位に選ばれ，のちにドラマ化された小説『みかづき』（森絵都，2018）に，示唆的な一節がある。早坂による記述をもとに検討しよう（金子・早坂，2018，116-117頁）。

この小説は，1960年代から現代までの塾を営む者たちの人生を描いた物語である。登場人物の千明は，自身の教育体験を「昭和 9 年生まれの悲劇」と呼び，「国民学校」に通った 6 年間を振り返る。

> 一言一句の誤りも許されなかった教育勅語の暗唱。（略）神風とは科学的にどのような仕組みで発生するのかと担任にたずね，『不敬なことを』と殴られた過去（略）。何より耐えがたかったのは，それほど軍事教育を徹底していた先生方が，終戦をさかいにころりとてのひらを返したことでした。鬼畜米英打倒と叫んでいた先生が，同じ口で平和を唱えはじめた。正義のものさしをいとも簡単にすりかえたんです。学校は怖い。教育は信用ならない。当時の私は骨の髄までそれを思い知らされました。
>
> （森，2018，19-20頁）

千明は戦後，新しい教育を担う教員をめざして大学に進学し，教員免許を取得した。しかし，「国の監視のもとではなく，もっと風通しのいい自由な土壌で，未来を担う子どもたちの知力を育てたい」（同22頁），「私はかならず公教育の外に，学校よりもたしかな知力を育む第二の教育現場を築きあげてみせる」

（同73頁）と考え，塾経営に邁進することになる。

　千明が警戒したのは学校の社会化機能そのものであった。なぜならそれは，「国家公共の福利」がどのようなものとして定義づけられるかによって，その方向性が左右されやすいという構造的問題をかかえているからだ。こうして千明は，「知力」を重視して，私教育のなかに活路を見いだしたのである。

3　公教育のなかで教師には何ができるのか

① 教師の教育行為の構造

　教師をめざそうとしているみなさんのなかには，軍国主義の時代に教師として働くのは大変だろうなあという感想をもった人もいるかもしれない。だが，戦後，新しい教育を担う教師をめざして大学に進学した千明にとっても，教師が直面する葛藤は他人事ではなかったと推測される。興味深いのは，千明が塾を立ち上げた理由の1つとして，時代や政局ごとに，社会・経済・政治の要請によって，教育のあり方が大きく揺らぎやすいという学校制度の性質について指摘したことである。だからといって教師は，制度に従っているだけの存在だろうか。いや，教師の教育行為は，次のような構造のもとで営まれている。

　陣内靖彦は，「教師研究とは，ただ教師の人間的あり方を説教したり，その職業集団の特質を指摘することにとどまらず，教師が教師として成立するために営むその職業的な行為，すなわち教師の教育行為を説明することがその中心的な課題ではないか」と主張し，教師の教育行為を説明するための概念図式（図1.2）を用意した。陣内によれば，児童・生徒を前にして教師にある教育行為をとらせるものとして，「その教師個人がメンバーの一員である教員社会の内側から作用し，彼に影響を及ぼす力」と，「その教師が教育という任務を委託され，その期待に応えなければならないと考えている外部社会から彼に向けて作用する力との2つの力（圧力）」があり，個々の教師はこれらを，「それまでに内在化してきた彼なりの教育観，教育方針にもとづいて，受け止め，判断し，その場その時の具体的な教育行為を選択する」（陣内，2005，136-137頁）。

　ここでは，教師にかかる2つの圧力のうち，前者を「内圧」，後者を「外圧」

と呼んで考えよう。内圧と
外圧には齟齬が生じること
も多い。そのとき，教師は
内と外からの相反する2つ
の要請を同時に受けて，自
らの行為を選択しなければ
ならない。陣内がいうよう
に，「教師の営みは，学校，

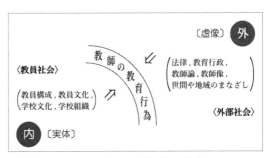

図1.2　教師の教育行為の構造

出所：陣内，2005，137頁

教室，児童・生徒などの現実と，世間に流布する教師論，教師像という虚像との間，いわば『虚実皮膜』の相で演じられる曲芸のようなものかもしれない」（同上，137頁）。このことから，1人ひとりの教師がかかえる困難や葛藤は，個人的なものではなく，教師の教育行為の構造的・社会的特質に起因して立ち現れている可能性がある。教師がこの視点をもつことこそ，問題の個人化と分断の罠が仕掛けられた袋小路から抜けだす糸口になるだろう（金子，2021，102頁）。

　それでは，千明が批判した国民学校の教師たちは，この図式を用いてどのように説明できるだろうか。ときは，教育に対する外圧がこれまでになく高まった時代である。隅々にまで軍国主義が浸透し，内圧は外圧に飲み込まれ，教師の言動は外からも内からも統制されていったと考えられる。

　再び図1.2を振り返ると，内圧と外圧という2つの力の齟齬と衝突は，教師に「選択」を迫り，ストレスをもたらすかもしれないが，そこには教師の専門性を生かせる余地もあろう。いっぽうで，外圧が内圧を飲み込んだり，逆に，内圧が外圧を跳ね飛ばしたりすれば，教師は悩まずにすむことから，かえって楽になるかもしれない。しかしこれにより，2つの力のあいだの「虚実皮膜」の相で格闘することで鍛えられるであろう個々の教師の思考と選択の可能性は，狭まるおそれがある。このように考えると，教師が真におそれるべきは，教師の教育行為の構造につきものの内圧と外圧の齟齬や衝突というより，むしろ2つの力のバランスが崩れた社会であり，それにより教師の選択の余地が奪われた社会である。

② 「教育の目的」と「教育の作用／プロセス」を見据えた実践

　公教育のなかの教師の仕事が時代や社会の価値観から免れ得ないことは，先にみたとおりである。そういうなかにあって，教師の専門性を画するものは，教育行為にかかる内圧と外圧を，自らの「教育観，教育方針にもとづいて，受け止め，判断し，その場その時の具体的な教育行為を選択する」（同上，137頁）ことができることにある。

　教師が教育行為を「選択」する際に基準になるのは，教育の理念と方法に関する知識や経験だろう。戦後教育において，「真理と正義を愛し，個人の価値をたつとび，勤労と責任を重んじ，自主的精神に充ちた」と表現されるような資質の育成が永らく掲げられてきたのは，第1節でみてきたとおりだが，それは今も語り継がれている。教育社会学者である広田照幸は，教育の目的を，「未熟な存在である子どもの自由を制約することによって，最終的に『自由を行使しうる主体』を形成する営み」（広田，2015，55頁）としたうえで，この営みを評価する観点について次のように述べている。

> 　問題の大きな焦点は，子どもの将来を見通した上での強制と自由とのバランスや程度だということになる。眼前の自由の制約それ自体の強度や性質が問題であると同時に（それについては個別の問題に関してたくさんの議論がある），それを評価するものさしの一つとして，ある形での自由の制約（たとえば教育内容・方法や制度的ルール）が，子どもたちの未来の自律性や自由の獲得にとって意味あるものなのかどうか，という点に目配りすることが必要なのである。
>
> （広田，2015，61–62頁）

　情報化やグローバル化が進行した現代社会は，人々の選択肢が増える一方で，社会におけるリスクや格差も増大し，複雑化，不透明化している。このような時代にあって，子どもたちが「自由を行使しうる主体」になることは，本人が選択権や決定権を他者に委ねることなく生きていくためにも，新しい世代がよりよい社会を更新・創造していくためにも，ますます重要になってきていると思われる。だが，いったいぜんたい，どのような学校／教師がこのような目的を達成しうるのか。広田も，「子どもにとって押しつけであるような教育（子

どもにとっての不自由）が，未来の『知的・道徳的に自由な主体』を作り出すこともあるし，むしろ，『不自由な存在』を作り出してしまうこともある。もう一方の，子どもに自由を与える教育もまたそうなのである」（同上，61頁）と指摘するにとどめている。その答えは，個別の教育方法に依然としてゆだねられたままオープンな状態にある。

　これに対し，アメリカの社会学者ウォーラー（Waller, W., 1932＝訳書1957, 558-559頁）は，「因果関係を知らないで方法をきめたとて，実情に即するわけがない。目的も帰納的に設定しなければ，まちがいだらけに違いない。教育とはどんな作用かも心得ないで，教育目的を論ずるとは，バカな話ではないか」と述べて，教育の目的と作用／プロセスをあわせて分析しようと努めていた。

> 　まず，教育の目的は子どもの人格を健全に発展させることでなければならぬといいたい。それには，子どもに社会環境を次々と経験させるように仕向けてやらなくてはいけない。生徒はこうしてさまざまな社会環境を通り抜けていくたびに，自由に物事を学びとり，自分の年齢と文化にふさわしい複雑さと適用範囲をもった態度を，身につけていくのである。（中略）今のところ大多数の学校のやりかたは，教育とは一定の習慣を生徒に植えつけることだという考えに立っている。これは外側からの教育である。だからうまくいくはずがない。第一，習慣が生命の原動力だなどとは，断言できないではないか。むしろ人間の行動は，個人と環境がダイナミックに作用しあうという，複雑微妙な，自主的なプロセスから生ずるのだ。この相互作用の中に生じた緊張点が，具体的な行為の原動力になるのである。
> （ウォーラー，訳書1957, 558-559頁）

　ウォーラーの想定する教育の目的や生徒指導上の方法論に対する検討は，金子（2017）に譲ることにして，本章の主題にかかわって強調しておきたいのは，教師の専門性は，「教育の目的」と「教育の作用／プロセス」を見据えた実践にあるのではないかということである。個々の教師が，内圧と外圧という2つの力を受け止めながら，教育の目的と教育の作用／プロセスの両方を見据え，場合によってはそれらさえも相対化し，具体的な教育行為を選択しているとしたら，これこそ教師の専門性といえるのではないだろうか。同時に，公教育がこのような教師の営みを保障するような環境になっているのかが重要である。

※本章は，金子（2017）と金子・早坂（2018）をもとに，加筆修正を加えて再構成した。

本章を振り返る問い
　私たちは，学校にいかなる教育を望むのか。周囲の人と議論して，公教育に対するさまざまな論理を比較検討してみよう。

注
1）文部科学省による「昭和22年教育基本法制定時の規定の概要」の第6条（学校教育）の頁を参照。https：//www.mext.go.jp/b_menu/kihon/about/004/index.htm

参考文献
安彦忠彦（2012）「公教育と私教育を区別して論じよ！」（WASEDA ONLINE　2012年3月5日，https：//yab.yomiuri.co.jp/adv/wol/opinion/culture_120305.html）
天野郁夫（2006）『教育と選抜の社会史』〈筑摩学芸文庫〉筑摩書房（※初出は1982年，第一法規より「教育大全集」第五巻として刊行された）
金子真理子（2017）「学校という社会空間と生徒の社会化」古賀正義・山田哲也編『現代社会の児童生徒指導』放送大学教育振興会
　　──（2021）「教師は社会的存在である」中村高康・松岡亮二編『現場で使える教育社会学──「教職のための「教育格差」入門』ミネルヴァ書房
金子真理子・早坂めぐみ（2018）「学歴社会と〈教育の機会均等〉」山﨑準二編『教育原論』〈未来の教育を創る教職教養指針第1巻〉学文社
苅谷剛彦（1995）『大衆教育社会のゆくえ』中央公論新社
　　──（2001）『階層化日本と教育危機──不平等再生産から意欲格差社会へ』有信堂
苅谷剛彦・志水宏吉編（2004）『学力の社会学』岩波書店
柴野昌山・菊池城司・竹内洋編（1992）『教育社会学』有斐閣
陣内靖彦（2005）「教師の地位と役割」岩内亮一・陣内靖彦編『学校と社会』学文社，125-139頁
童話屋編集部編（2001）『復刊　あたらしい憲法のはなし』童話屋（※底本は実業教科書が1947年8月2日に翻刻発行したもの）
広田照幸（2015）『教育は何をなすべきか──能力・職業・市民』岩波書店
松岡亮二（2019）『教育格差──階層・地域・学歴』筑摩書房
森絵都（2018）『みかづき』〈集英社文庫〉集英社（初版2016，単行本）
Dore, Ronald P.（1976）*The Diploma Disease*, George Allen & Unwin Ltd.（R. P. ドーア／松居弘道訳（2008）『学歴社会　新しい文明病』岩波書店）
Waller, Willard（1932）*The Sociology of Teaching*, John Wiley and Sons（石山脩平・橋爪貞雄訳（1957）『学校集団──その構造と指導の生態』明治図書）

令和の高度専門職としての教師
―聖職者論，労働者論を超えて

1　教師であるあなたは聖職者か，それとも労働者か

　今から10年ほど前の話だ。ある高校の１年生の担任の先生が，自分の高校生になる子どもの入学式に出席するために，事情を説明した詫びる文書を出して，勤務校の入学式を欠席したことが話題になった。あなたがその先生の立場だったら，どちらの入学式に出席するだろうか。

　これまで教職課程の授業や現職教員の研修などの機会に，この事例をあげて尋ねてきた経験によれば，学生は勤務校の入学式に出席すると答える者が２-３割で，子どもの入学式に出席する者が７-８割，教員では勤務校の入学式が７-８割で，子どもの入学式が２-３割という，ほぼ逆の比率を示す傾向がみられる。

　ここでの決断は，わが国の教師に対して向けられてきた２つの教職観と重なる。勤務校を選ぶ判断は，自分のプライベートな事情よりも教師としての職務を優先することを当たり前の教師の判断だと考えるものであり，この捉え方は「教師＝聖職者論」と呼ばれてきた。いっぽう，子どもの入学式を選ぶ選択は，ほかの職業に就いている親が子どもの入学式に出席するために仕事を休むことと同じで，労働者の当然の権利の行使だとするものであり，「教師＝労働者論」と呼ばれる。

　２つは，歴史をたどれば，明治期に教師という職が制度化された当初から広められてきたのが聖職者論であり，労働者論は第二次世界大戦後，GHQの指導の下で皇国史観から解放された戦後民主主義教育が実施されるなかで社会的に認知されるようになり，高度経済成長期以降に一般的な主張になったものである。もちろん前者は後者にとって代わられたわけではない。２つは対立しつつ共存し，冒頭の質問に多くの読者が悩んだように，教師や教師に期待を寄せる人々に，今なおさまざまな場面で判断の葛藤を引き起こしている。

　聖職者論と労働者論の展開を教育実践史にかかわって見直した船寄俊雄らの

研究チーム（近現代日本教員史研究会）は，教育の正当性を超越論的に聖職として規定する聖職者論と，生活者の論理に正当性を見いだす労働者論が，それぞれその時代の実践モデルの向上に寄与してきたことを指摘している（船寄他，2022）。聖職者論は，教育を地域社会から引き離し，学校という密室的な空間で，生活をリードする形で新しい国家づくりのための教育を可能にしてきたし，労働者論は地域から乖離したものとなった学校を再び地域社会や生活と結びつけることに貢献してきた。両者は，立場は異なっても，教師が教育実践を不断に向上させる動機として機能してきたのである。とはいえ，その一方で，聖職者論が教育実践に奉仕する献身的教師像の呪縛をつくり上げ，労働者論が生活者である教師の権利という新しい呪縛を生み出したことも事実である。とりわけ，聖職者論はわが国の学校教育システムがこのイデオロギーのもとで制度として設計され，整備されてきたため，教師が聖職者として行動することが人々の意識のうえでも，そして制度としても暗黙の了解となっている。

　このことは，教師が授業の準備をする時間が勤務時間内に用意されてこなかったことに端的に表れている。授業を行うためには当然そのための準備が必要だ。教材研究から授業プランの作成，資料等の準備，前時の児童・生徒の学習状況の確認まで，さまざまな準備があって授業はできる。授業は1時間1時間が単発のプロジェクトであり，教師は毎日，4つ前後のプロジェクトを企画し，実施しているのである。企業ならば，1つのプロジェクトを成立させるための準備自体が仕事であり，勤務時間の多くがそれにあてられる。プロジェクトの準備はプロジェクトの一部だ。しかし，教師には勤務時間内にその時間が確保されていないのである。

　それでも教師には質の高い授業を行い，高い教育効果を上げることが求められ，教師はそのための努力を，**献身性**をもって，自分の生活を犠牲にし，勤務時間外の時間，帰宅後の自分のあるいは家族の時間を使って行ってきた。こうして日本の教育は，国際的な学力調査である「**生徒の学習到達度調査（PISA）**」の結果が示すように，世界でトップレベルの高い**教育効果**を達成してきたのである。

もちろん，今日まで教師の働き方がまったく改善されてこなかったわけではない。労働者の権利という観点から，ほかの職業に遅れはしたが，週休二日制も実現したし，産育休制度は他職種以上に整備されている。十分な成果は上がっていないかもしれないが，教師の労働時間の適正化に向けてさまざまな取り組みも開始されている。冒頭の事例に関しても，理由の如何にかかわらず**年次有給休暇を取ること**は，教師にも一労働者の権利として法的に認められている（**労働基準法第13条**）。教育活動に支障がないように配慮することは重要であるが，この事例では，校長から「ご子息の入学式のため欠席です」という隠し立てのない説明があり，当人からも《大切な日に担任として皆さんに会うことができないことをおわびします》という文書を配るという誠実な対応が行われていることから，教育活動に支障が生じないための配慮がなされていたといえる。それでも，この対応が問題視され，クレームが教育委員会に届き，さらにニュースでも取り上げられたように，聖職者論は世間一般に今なお広く浸透し，教師に対する常識的な見方になっている。

　けれども，21世紀の現在，労働者論の観点から教職を再編することは必須の課題である。教師の人権は尊重されなければならない。以前スイスの学校の視察調査を行ったとき，視察の最後に行われた現地の研究者とのミーティングですばらしい実践を見せてもらったことについてお礼の言葉を伝えたところ，スイスの研究者から「（日本から来た）皆さんはスイスの教師からたくさんのことを学んでくれたようだが，日本の教師から私たちが学べるすばらしいものがあれば教えてください」と尋ねられた。そこで，日本の教師は勤務時間が過ぎても子どもたちのために授業の準備をしているという話をしたところ，「そこから私たちが学べるものはありませんね」と一蹴されてしまった。教師の献身性によって高い教育効果を上げることは国際的な常識として賛同できないものなのだ。

　では，労働者論に従って労働者としての権利を行使すれば良いのだろうか。闇雲にそうすることができないのが，この問題のむずかしいところだ。すでに述べたように，日本の学校教育は聖職者論に基づく教師の存在を前提として成

り立っているからである。日常化されている献身性に基づく教育行為を誰かが
やらなかったならば，ほかの教員がそれに対応しなくてはならない。そして，
何よりも，その教師自身が，自身のその判断の結果を引き受けなくてはならな
いのだ。教師たちはそのことを体験的に知っていて，学生はまだそれを知らな
い。それが冒頭の問いに対する回答の違いなのである。聖職者論と労働者論を
択一の選択肢として捉えるかぎり，教師はこのジレンマから抜け出せない。そ
こで重要になるのが，第三の教師像，専門職として教師という観点である。

2 教師に求められる専門職性とは

6 教職は，専門職と認められるものとする。教職は，きびしい不断の研究によ
り得られ，かつ，維持される専門的な知識及び技能を教員に要求する公共の役務
の一形態であり，また，教員が受け持つ生徒の教育及び福祉について各個人の及
び共同の責任感を要求するものである。
　（UNESCO/ILO「教員の地位に関する勧告」1966年10月5日　教員の地位に関する特
　別政府間会議採択）

① 対人支援の専門職としての教師

専門職としての教師という観点は，1966年に国連教育科学文化機関（UN-
ESCO）と国際労働機関（ILO）によって共同採択された「**教員の地位に関する
勧告**」に始まる。これは，教育を受ける権利が基本的人権であるという認識に
基づき，「世界人権宣言」の第26条および「児童の権利に関する宣言」の第5
条，第7条ならびに第10条に示された児童の権利を保障し，適正な教育と保護
を行う役割と責任を担う者として専門職としての教師を捉え，その実現を世界
中の国家，社会に向けて勧告したものである（前文参照）。この勧告の重要な
点は，目的と責任の2つによって，教師が専門職であることを規定している点
である。

専門職とは専門的な知識，技能を必要とする職業一般を指す言葉であり，一
般に，専門職を特徴づける要件としては，①高等教育の学歴を含む資格要件が
ある，②国家試験またはそれに準ずる試験がある，③高い自己裁量権を有する

をあげることができる。

　この3要件のうち①と②は，③の自己裁量を委託しうる根拠要件となっている。たとえば，医師は患者から自分に対する治療行為を行うことを委託され，弁護士は裁判における弁護を委託される。パイロットは飛行機の操縦を委託され，建築家は家の設計を委託される。クライアント（顧客，患者＝子ども・保護者）が自分の生命をも左右する決定の権限をかれらに委託するのは，それを的確に遂行してくれると信頼していることによる。なぜならかれらは，求められている判断に必要な高い専門的な知識と技能を養成段階に習得しているからである。つまり，専門職とは，クライアントから委託された自己裁量を専門的な知識・技能に基づいて的確に遂行することが期待される職業であり，的確な判断をすると信頼された者だけが担うことができる仕事なのである。

　教師に委託されている自己裁量に対しては，上にあげた医師，弁護士，パイロットのような職業と比べると，それほど高度なものではないという指摘もあり，専門職論では教師には準専門職という言葉が当てられることもあった。自己裁量といっても，教える内容は学習指導要領と教科書によって大筋用意されていて，教育上の諸決定は，管理職である校長の責任の下，学校の方針で行われるからである。こうした教師に近い限定的な自己裁量のスタイルは，看護師やキャビンアテンダントなどにも当てはまる。これらの職には，自己裁量の低さでは説明できない共通の特徴がある。かれらは期待されている専門領域における役割行為（看護，機内の安全確保，教育など）に加えて，クライアントの生活面の支援にかかわる広い専門性が求められている。看護，保全，教育という役割行為を効果的に遂行するためには，その職務空間における生活全般の支援が不可分に結びつき，一体化しているからである。教師の仕事はそうした対人支援の専門職の代表的なものといえる。

② 心理的安全性と教育効果

　高い業績を上げるトップ企業の組織文化の分析を行ったハーバード・ビジネススクールのエドモンドソン, E. C.は，「みんなが気兼ねなく意見を述べることができ，自分らしくいられる文化」（14–15頁）をもつ職場であることの重要

性を指摘し、それを「**心理的安全性**」と呼んでいる。「心理的安全性」という観点はさまざまな組織に援用できるものであり、近年、教育の分野でも、教師の教育環境の観点として注目されるようになっているが、教室の理論としても活用できる。よい授業を行うためには学級経営が大事だという語りも、キレる子どもは家庭で王様になれないからだという知見も、子どもたちには居場所が必要であり、学習に専念するためにはそこがかれらの心理的安全を保証する場所になっていなければならないことを示している。

　子どもたちにとって教室が心理的安全な場になるためには、具体的には物理的安全性と社会的安全性の2つが適正に保証される必要がある。物理的安全性とは、たとえば教室環境として、危険物がないことや、明るく温かで心地よい空間性、さらには一定のパーソナルスペースが確保されていることなどをあげることができる。残念なことに、わが国の教室は、そうした物理的安全性に対する認識がなかった昭和25年に制定された**建築基準法**に基づいて設置されているため、子どもたちが動き回ることさえむずかしい教室もあるのが現実だ。欧米で一般的になりつつある、一教室内にミーティングスペース、個人学習スペース、リラックススペース等を設ける多機能型の教室を実現することは難しい。文部科学省は2010年に「**新たな学校施設づくりのアイディア集**」を紹介しており、将来的には教室が物理的に心理的安全性を保証する場になっていくことを期待したいが、現状は、ユニバーサルデザイン化の日本的解釈により教室の無機質化が進んでいることもあり、子どもたちが自分の居場所だと思えないような非日常的な空間が一般的になっている。心理的安全性に着目することによって、特別な課題をかかえる子どもを含めてすべての子どもたち一人ひとりに、心理的に安全な学習空間を用意することを実現したい。

　物理的安全性は教室建築の問題だけではない。特別支援教育で積極的に活用されるようになってきているものにストレス・リリーサーというものがある。ストレスがたまってきたときに、触ったり、握ったりしてストレスを解消させるためのグッズだ。これは決して特別なことではなく、じつはほとんどの人が日常的に当たり前に利用している。音楽をかけてリラックスする。壁に貼られ

26

た絵やポスターを気分転換
する。何気に手遊びをする。
みんなそうしてストレスを
リリースして，仕事に再集
中する。私たちはそんな
グッズで身の回りを固めて
いるのに，なぜ教室の子ど

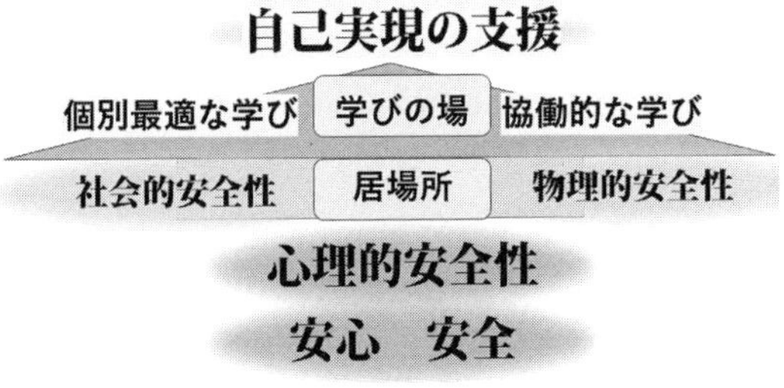

図2.1　教室の教育構造

もたちにはそれが認められないのだろうか。教師は，子どもたちが積極的に学
習に臨めるように，教室を物理的に心理的安全性を保証する学習空間にしなく
てはならない。

　社会的安全性は人間関係にかかわる心理的安全性だ。教師は自身と子どもと
の関係性や子ども同士のかかわりを心理的に安全なものにしなくてはならな
い。いじめがないことは，子どもたち一人ひとりの人権が侵害されることなく，
尊重されるための基本的な条件だ。教師の指導法も子どもたちの人権を尊重す
るものであることが大事だ。体罰の禁止はもとより，部活動の指導スタイルが
自己実現支援タイプのものに変わってきているように，変化はすでに始まって
いる。教室で行われる生徒指導や学習指導，学級経営の場面でも同様のことを
推進していくことが必要だろう。

　しかし，心理的安全性を保証することは，教師の仕事の半分にすぎない。エ
ドモンドソンは高いパフォーマンスを上げるために必要なこととして以下のよ
うに述べている。

> 　事業環境がどれほど厳しいときでも，リーダーがどうしてもしなければならな
> い仕事が二つある。一つは，心理的安全性をつくって学習を促進し，回避可能な
> 失敗を避けること。もう一つは，高い基準を設定して人々の意欲を促し，その基
> 準に到達できるようにすることだ。　　　　　　　（エドモンドソン，2020，48頁）

　これはそのまま教室の教師の姿に当てはまる。子どもたちに心理的安全性を
保証し，安心して学習に取り組むことができる物理的，社会的，心理的な環境
を整えるだけでなく，子どもたちが学習に積極的に取り組むことができるよう

に，主体的に学習課題や自己実現に向かって取り組む姿勢を促すことが，教師には期待されるのである。

③ "アクティブラーニング"から "令和の日本型学校教育"へ

2021年1月26日に中央教育審議会答申「『令和の日本型学校教育』の構築を目指して～すべての子どもたちの可能性を引き出す，個別最適な学びと，協働的な学びの実現～（答申）」(中教審第228号) が公示され，現在学校現場はそのグランドデザインに基づいて新たな教育に挑戦している。これは，もともと大学生に期待される学習モデルとして提案され，その後，高校教育，小・中学校教育においても採用が計画された**アクティブラーニング**と，2017年改訂の学習指導要領においてそれに代わって正式に採用された「**主体的で，対話的で，深い学び**」を，すべての教室，すべての子どもたちに保証しようというものである。

日本の教育は国際的に高い学力を達成しているにもかかわらず，受験知識，テスト対策，一夜漬けなどと揶揄され，継続的，持続的な学力でないと批判されてきた。1998年以降に新学力観やゆとり教育が推進されたのも，2002年から総合的な学習の時間が小学校の低学年を除く高校までのすべての学校に順次採用されていったのも，こうした指摘を受けてのものである。しかし，2013年に経済協力開発機構 (OECD) が「生徒の学習到達度調査」(PISA) の成人版として実施した**国際成人力調査 (PIAAC)** の結果が公表され，日本人の学力が65歳に至るまで持続しており，その歳まで学び続けていることが明らかになった。この調査結果は，日本の学校教育の強みを再発見させることになった。日本の学校そして教師は，子どもたちにテストのために知識をただ教え込んでいるのではなく，教科に興味も関心もなかったとしても，50分前後の時間を教室で過ごし，場面場面の学習活動を楽しみ，授業の終わりには何かしらの学習成果を得たと感じるように仕組んできた。アクティブラーニングという発想を外国から輸入するまでもなく，小学校から高校までの多くの授業では多様な学習形態，学習活動が採り入れられており，学習活動を通じて子どもたちに学習内容以上のものを**ヒドゥン・カリキュラム**として体験させていたのである。

この発見によって，「令和の日本型学校教育」においては，教え方の工夫を一部の意識の高い教師だけでなく，すべての教師が行うことになった。すべての教師は，すべての子どもたちの可能性を引き出すために，個別最適な学びと協働的な学びを実現する役割と責任を担う教師となることが期待されることになったのである。

④ 教育システムへの責任

　「令和の日本型学校教育」のグランドデザインには，担い手としての教師の姿として以下の3点が上げられている。

> ■学校教育を取り巻く環境の変化を前向きに受け止め，教職生涯を通じて学び続け，子供一人一人の学びを最大限に引き出し，主体的な学びを支援する伴走者としての役割を果たしている
> ■多様な人材の確保や教師の資質・能力の向上により質の高い教職員集団が実現し，多様なスタッフ等とチームとなり，校長のリーダーシップの下，家庭や地域と連携しつつ学校が運営されている
> ■働き方改革の実現や教職の魅力発信，新時代の学びを支える環境整備により教師が創造的で魅力ある仕事であることが再認識され，志望者が増加し，教師自身も志気を高め，誇りを持って働くことができている
> （「令和の日本型学校教育」の構築を目指して（答申）【概要】
> 　　　https://www.mext.go.jp/conent/20210126-mxt_syoto02-000012321_1-4.pdf)

　ここには，教師は個別最適な学びと協働的な学びによってすべての子どもたちの可能性を引き出す令和の教育を担う専門職チームの一員として，そのシステムの持続に責任をもつことが示されている。企業の組織モデルでは，成果を上げるチームとして機能するためには，**エンゲージメント**（＝愛着のある一体感）が必要といわれている。チームの構成員が，その会社に愛着をもち，企業の目標に向けてワンチームになっていることによって，高いパフォーマンスを上げることができるのである。ディズニーランドのスタッフはアルバイトに至るまで，来客者にディズニーランドを存分に楽しんでもらえるように，一人ひとりが主体的に考えながら行動しているといわれるが，それはディズニーランドのスタッフみんながディズニーランドのことを大好きだからだという説がある。教師もまた，教師という仕事に愛着をもち，「子どものために」という目

標を共有しているチームの一員であることが高いパフォーマンスにつながってきた。すべての子どもたちの可能性を引き出す，個別最適な学びと，協働的な学びを実現する令和の日本型学校教育では，2つの学びが注目されがちだが，教師に大事なことは，一人ひとりがすべての子どもたちの可能性を引き出す専門職チームの一員であるという意識を共有し，自覚していることなのである。

3　教師には専門職としてどのように判断することが求められるのか

専門職としての教師の判断には，以下のような特徴がある。

① 教師は専門的知識に基づいて判断する

教師の見方・考え方は単純に個人的なものでなく，専門的な知識や観点に基づく正当なものでなければならない。そのために専門職には高等教育の学歴や専門課程の学習が必須とされており，教職課程では最低限習得しておくべきとされる標準化されたカリキュラムが用意されるとともに，授業担当者に対してもそれぞれの授業担当者としての資格審査が厳正に行われている。教職課程の授業でことさらに出席が重視されるのもそのためである。

しかし，教師が判断に際して拠って立つ教職の専門的知識には2つの大きな弱点がある。第一は，その専門的な知識が不完全で，未完成だという点である。効果的な学習に関する知識にしても，子どもの発達や実態に関する知識にしても，今なお多くの研究者によって読み直しや更新が続けられている。第二に，多様な子どもを対象として，複合的な条件下で行われている学校教育においては，単独で絶対的な説明力をもつ理論が存在しない。教室は常に複数の理論を必要としているのである。したがって，教師は，自分がもっている専門的知識を「かもしれない」ものとして疑い，目の前の現実を参照し，常に更新しつつ判断する態度をもっていることが必要となる。

② 教師は当事者として判断する

専門的な知識に基づく判断は，教師でなくてもできる。しかし，教師が行う判断は，外部の人間が行う判断と根本的に異なっている。なぜなら，冒頭の事例でも明らかなように，教師が専門職として判断することが求められる場面は，

そこで起こっている出来事に自身が何らかの形で関与しているケースがほとんどだからだ。したがって教師はその出来事に関与し，そこでの現実を動かしていく当事者として自分が適切に関与するために判断する。

　それは，研究者がそこでの現実をその未来と切り離して研究室にもち帰り，切片化された事実として時間をかけて検討することとはまったく異なる。教師はそこでの現実を観察し，全体的なものとして受け止め，最も望ましい未来を生み出す関与を選択するために判断する。とりわけ重要なことは，教師は自分がその現実に積極的にかかわることができるということだ。教師の判断は単純に判断の結果を左右するだけでなく，条件を変えることもできるし，結果に働きかけて，次の結果を生み出すこともできる。それらの可能性を多面的に考慮して，教師は目の前の現実に対応する。つまり，教師の判断は専門的知識に基づく判断である前に，教師という専門職として行う判断なのである。

③ 教師は結果を予測し判断する

　教師の役割は現在の状況を変えることを目標として行われる未来に向けてのものである。したがって，その判断には未来完了形的な状況の理解が不可欠となる。自分の行為に子どもがどのように反応するのか，教育の状況や条件をどのように変えるのかなど，さまざまな変化を予測しなければならない。教師は，予測しやすさと予測しにくさが共存する子どもの反応の予測を，教室の複数の子どもたちに対して行っている。

　かつて，教師になるための貴重な体験学習の場である教育実習などでは，学習指導案の指導過程欄において，子どもたちの学習の表れとしてかれらの反応を予測し，記述することが重視されていた。教師にとって重要な，結果の予測という"行為の中の省察"（ショーン，1983）を，日本の教師たちは教師になるための通過儀礼のように体験することで，その専門的な判断のスタイルを身体化し，教師文化の1つとして共有してきたのだろう。近年は学習評価の観点から結果の想定が重要視され，すべての実践のなかで常に子どもの学びという結果を意識することが求められるようになっている。これからの教師はそうした実践を繰り返すなかで，結果の予測という判断のスタイルをより確かなものと

して身につけ，専門職としての判断していくのかもしれない。

　ところで，結果という未来を予測することは，専門職に限らず，日常的に誰もが行っていることである。しかし，教師ら専門職は，それを意識的に，理性的に，時には計画的，組織的に行うことが求めら，その判断が感情的でないことを特徴としている。専門職の仕事が感情労働と言われるのはそのためである。本題から外れるが，専門職として注目されている感情労働について補足的な説明をしておきたい。

　感情労働とはさまざまな感情を喚起されるような仕事でありながら，自身の感情の表出を抑制し，コントロールすることを強いられる仕事であることを意味する（ホックシールド，2000）。とくに，教師は，感情的な子どもの行動の予測が必要なため，一方では子どもの感情に寄り添い，共感的であろうと務めなくてはならない。自身の感情と向き合いながら，そこから一定の距離をとることが求められるのである。

　2023年3月に公表された「令和3年度公立学校教職員の人事行政状況調査」の結果によれば，公立学校の教職員（小中高，特別支援学校等）で精神疾患を理由に病気休職した者は5897人（全教職員の0.64％）と過去最多であった（文部科学省，2023）。コロナ禍のなかでのデータでもあり，この数値だけを特別視することは控えるが，2005年以降，病気休職者のほぼ6割を精神疾患による休職者が占めていること，2015年以降に限れば65％を越えていることを考えれば，この状況は危機感をもって捉えなければならないだろう。精神疾患の原因は複合的なものであるから仕事にすべての原因を求めることはできないが，専門職に共通する問題として感情労働による精神的負荷が注目されている。

　教職では，対象となる子どもの複雑さが増していること，一斉的な指導型の教育から個に応じた支援型の教育に変わったこと，かつてならば子どもの責任にしてきた教育の結果に対する責任を教師が引き受けなければならなくなったことなど，感情労働の難しさや負担が以前と比べて桁違いに大きくなっている。さらに，そうしたストレスを教師がリリースする時間の確保がむずかしくなっている。2022年4月公表された教員の一日当たりの在校等時間は小学校教諭が

10時間45分，中学校教諭が約11時間１分と，今だに平均の一日当たりの超過勤務が２時間を越えており，教師のプライベートな時間を浸食している。加えて，退勤時刻を早くする働き方改革ともち帰り仕事の軽減によって，勤務時間内の職務の密度が高くなり，職場からはゆとりや活動の自由度が失われた。とりわけ，職場で勤務するなかで交わされてきたインフォーマルなコミュニケーション，素を出せる同僚との私的な交流の時間が削られてきていることは，教師のメンタルヘルスにとって深刻である。

表2.1　教職員の精神疾患休職者数の推移

年度 (西暦)	病気休職者数(人)	※うち精神疾患（人）	病気休職に占める精神疾患の割合	教職員数に占める精神疾患休職者の割合
2002	5,303	2,687	50.7%	0.29%
2003	6,017	3,194	53.1%	0.35%
2004	6,308	3,559	56.4%	0.39%
2005	7,017	4,178	60.0%	0.45%
2006	7,655	4,675	60.0%	0.51%
2007	8,069	4,995	62.0%	0.55%
2008	③ 8,578	5,400	63.0%	③ 0.59%
2009	② 8,627	③ 5,458	63.6%	② 0.60%
2010	① 8,660	5,407	62.4%	③ 0.59%
2011	8,544	5,274	61.7%	0.57%
2012	8,341	4,960	59.5%	0.54%
2013	8,408	5,079	60.4%	0.55%
2014	8,277	5,045	61.0%	0.55%
2015	7,954	5,009	63.0%	0.54%
2016	7,758	4,891	63.0%	0.53%
2017	7,796	5,077	65.1%	0.55%
2018	7,949	5,212	65.6%	0.57%
2019	8,157	② 5,478	③ 67.1%	③ 0.59%
2020	7,666	5,203	② 67.9%	0.57%
2021	8,314	① 5,897	① 70.9%	① 0.64%

注：文部科学省「公立学校教職員の人事行政の状況調査」の結果（平成20年度～令和３年度）から作成。それぞれ上位３位までに順位をつけた。

日本の教師にとって同僚との関係は，癒やしの機能を果たしてきた。そうした時間がとれなくなることは，教師にとってはもちろん，子どもにとっても，つまりは教育にとってマイナスでしかない。学校を，教師にとってやりがいをもって意欲的に教育実践に取り組むことができる場所にすることも，教育の質を高めるためには大事なのである。

　さて，以上３つの大きな括りで，専門職である教師に求められる判断の特徴を整理してきた。これらをふまえて改めて冒頭にあげた事例を考えると，「不在を詫びる文書」を配布して入学式を欠席するという学校の対応は，決して教師として不適切な判断ではなく，専門職として下された判断だったといえるだろう。誠実に事情を伝え，担任教師と学校は，１年間職務を全うするために必要な判断をしたといえる。しかし，それでも，その判断は批判の対象となった。

それは，教師を聖職者として一面的に見るまなざしが教師の回りにあふれているからであり，教職への信頼，すなわち当事者の担任教師へのものでなく，教師全体に対する信頼が揺らいでいるからだろう。

　専門職としての教師の判断は，一般の人たちの判断とは異なる可能性がある。一般の人には容易にできない判断を任されているのが，専門職としての教師だからだ。教師は常に誤る可能性があるむずかしい判断を強いられている。そして一生懸命考えた判断も，結果次第では，批判されることもある。同様の状況におかれている医療分野では，10項目の安全対策が提言されている（厚生労働省，2001）。それらは整理すると，1．クライアントらとの信頼関係の構築（②），2．医療チームのメンバー間のオープンなコミュニケーションと情報の共有（③⑤），3．事実や経緯の詳細で正確な記録と確認（④⑥⑨），4．ケースカンファレンスによる判断の適切さの検証などの研修（①⑧⑩），5．自身の健康管理（⑦）の5点にまとめることができる。学校現場でも同様のことができたなら，教師は自信をもって教育に取り組むことができるだろう。もちろん，教育には，医療と異なるものもある。医療過誤は取り返しのつかない結果を招き，やり直しがきかないケースが多いが，教育はそうではない。教師は，そこでの判断の結果に対して，改めて何度もアプローチしなおすことができる。それができる教師であれば，失敗をおそれる必要はないのだ。

　筆者が担当する教職大学院の授業で，グループワークをしていた教師たちがこんな話をしていた。合唱大会でピアノ伴奏者をやりたいと手を上げた子どもがクラスに2人いたとしたら，実際に伴奏者になれるのは1人だけ。そんなとき，教師は必ず伴奏者になれなかった子に活躍の場をあげようとする。指揮者はどうか。指揮者は別にやりたい子がいる。その子自身も指揮者はやりたくないかもしれない。そのときはまた別の機会を探す。活躍の機会が無ければ，それとは違っても，その子の未来につながるようなことをしてあげようとする。そんなふうに，子どものために，次の手，次の手と考え続ける。それが自分たち教師がいつもやっていることなのだと。

　教師の専門職性はこの話のなかに詰まっている。その時々の状況のなかで，

すべての子どもたちの可能性を引き出すための手立てを考えつづける。この令和の日本型学校教育を担う教師像を，教師たちが体現していることを，当の教師はもちろん，保護者や地域の人たちも含めて学校関係者全員が確信できている学校，それが令和の日本が実現する学校なのである。

本章を振り返る問い

　あなたはこの春，小学5年生の担任になった。あなたのクラスに，両親が離婚して，お母さんと今年小学校に入学した1年生の弟と3人で暮らしている男子児童Ａ君がいる。前年の担任からの引き継ぎで，Ａ君は頭がよいけれども忘れ物が多く，授業に集中できないという情報をもらっている。授業が始まると，たしかにＡ君は忘れ物が多い。そしてある日，あなたはＡ君が連絡帳に何も書かないで帰ることに気づき，連絡帳に翌日の授業科目や持ち物を書いて帰るようにやさしく指導した。しかし，Ａ君は，「僕は頭がいいから覚えられる」と言って，連絡帳を書こうとしない。その後もＡ君の忘れ物は続いている。専門職として，あなたはどうするかをまとめてみよう。

参考・引用文献

新居佳英・松林博文（2018）『組織の未来はエンゲージメントで決まる』英治出版

エドモンドソン，E. L.／村瀬俊朗・野津智子他訳（2021；原書2019）『恐れのない組織——「心理的安全性」が学習・イノベーション・成長をもたらす』英治出版

国立教育政策研究所（2013）『成人スキルの国際比較——OECD国際成人力調査（PIAAC）報告書』明石書店

厚生労働省（2001）「安全な医療を提供するための10の要点」https：//www.mhlw.go.jp/topics/2001/0110/tp1030-1f.html（2023年10月10日最終閲覧；以下のURLも同じ）

佐藤学（2015）『専門家として教師を育てる——教師教育改革のグランドデザイン』岩波書店

ショーン，D.／佐藤学・秋田喜代美訳（2012；原書2001）『専門家の知恵——反省的実践家は行為しながら考える』ゆみる出版

ハーグリーブス，A.＆フラン，M.／木村優・篠原岳司・秋田喜代美監訳（2022；原書2012）『専門職としての教師の資本——21世紀を革新する教師・学校・教育政策のグランドデザイン』金子書房

船寄俊雄・近現代日本教員史研究会編（2022）『近現代日本教員史研究』風間書房

ホックシールド，A. R.／石川准・室伏亜希訳（2000；原書1983）「管理される心——感情が商品になるとき」世界思想社

松下佳代・京都大学高等教育研究開発推進センター（2015）『ディープ・アクティブラーニング』勁草書房

文部科学省（2010）「新たな学校施設づくりのアイディア集」国立教育政策研究所 https：//www.mext.go.jp/content/20210127-mxt_sisetuki-000012397_21.pdf

文部科学省（2021）「『令和の日本型学校教育』の構築を目指して〜すべての子供たちの可能性を引き出す，個別最適な学びと，協働的な学びの実現〜（答申）」中央教育審議会第228号，https：//www.mext.go.jp/content/20210126-mxt_syoto02-000012321_2-4.pdf

UNESCO/ILO（1966）「教員の地位に関する勧告」教員の地位に関する特別政府間会 https：
　//www.mext.go.jp/unesco/009/1387153.htm

① 戦前日本の教員養成

　教師という職業は，文化の再生産と創造にかかわる歴史的に普遍的な専門職である。近代以降，この営みは公教育制度の成立により教師という職業として誕生することとなる。職業としての教師が誕生し，この専門職の育成が国家によって計画化・組織化され整備されていくが，その育成をめぐる養成課程や制度は歴史・社会の変動によって大きく変化していくことになる。

　日本における教員養成制度を歴史的に捉えると，戦前・戦後で大きく二分して理解することができるだろう。戦前における国家的プロジェクトとしての教員養成は，何よりもまず国民国家の設立のために準備されていた。

　戦前日本の教員養成は師範学校と呼ばれる小学校教員養成機関によって組織されていた。1872（明治5）年，**学制**発布によって師範学校は国家による国民教育の組織化に伴い創立された。1881（明治14）年には，**小学校教員心得**が制定され，「皇室ニ忠ニシテ国家ヲ愛シ父母ニ孝ニシテ長上ヲ敬シ朋友ニ信ニシテ卑幼ヲ慈シ……」（「小学校教員心得」）とあるように，教師に忠君愛国の道徳の具現者たることを求めた。1886（明治19）年には**師範学校令**が公布され，尋常師範学校・高等師範学校に区分がされた。尋常師範学校では公立小学校の校長および教員を養成すること，そして高等師範学校では尋常師範学校の校長および教員を養成することを定めた。師範学校令では「生徒ヲシテ順良信頼威重ノ気質ヲ備ヘシムルコト注目スヘキモノトス」（「師範学校令」第1条但書）と規定し，師範教育の人間像及び特別の教育機関としての位置づけが明確化された。

　1943（昭和18）年の**師範教育令改正**によって，それまで中等教育機関であった師範学校は専門学校程度の教育機関へと昇格したが，その目的が「師範学校ハ皇国ノ道ニ則リテ国民学校教員タルベキ者ノ錬成ヲ為スヲ以テ目的トス」（「師範教育令改正」第1条）として天皇制国家における臣民の育成の機関として

規定された。戦時下において，師範学校で養成された教師は市民的権利および政治的自由が剥奪され，国家（＝天皇）から国民への「伝声管」の役割の担うよう求められたのである。

師範学校は，①全寮制による軍隊式寄宿舎教育，②授業料無償・給費制，③卒業後の服務義務制を原則としており，それら原則を媒介としながら個性を認めない画一的な教員を養成していたのである。

ただし，以上のような軍隊式の管理教育が順調に実施されていたわけではない。1891（明治24）年では，秋田県師範学校において軍隊式寄宿舎教育へのストライキが起き，師範生全員が病気と称して定刻に起床しなかったこと，1890（明治23）年では千葉県師範学校の師範生による学校騒動と校長への申し出による寄宿舎の師範生の自治的運営への転向など，**師範学校紛擾**（ふんじょう）が発生した（水原，1977，26頁）。戦前・戦後を問わず，師範学校における教育は特定の型にはめた画一的な教師を養成している（「**師範型**」の教員養成）として批判されてきた。師範学校紛擾は，師範学校の理念が瓦解していく端緒として理解することができるだろう。

戦後教員養成改革において批判および反省の対象となる「師範型」の教師像とその育成は，戦前においてすでに破綻を見せていたことが師範学校紛擾からみることができる。重要なのは師範学校そのものの批判・反省ではなく，師範学校をめぐる戦前の教員養成制度に媒介された国家による権力・思想統制に対する批判であり，それらを受け入れた国民の民主主義的基盤の脆弱さへの反省である。

② 戦後日本の教員養成改革の出発

戦後，それまでの日本の教員養成制度は第二次世界大戦の敗戦を契機に改革を行った。戦後教員養成制度は，**民主的立法の精神**に基づき1949（昭和24）年に**教育職員免許法**においてその制度的枠組みが制定されている。

教育職員免許法の特徴は，①教職の専門性の確立，②免許状主義，③大学における教員養成，④免許の開放性と合理性，⑤現職教育の尊重の5点に整理することができる。

教師は一定の教養さえあれば誰にでもできるのではなく，人間の育ちにかかわる高度な専門性を有する専門職である。したがって，授与される普通免許状（1級・2級）も小学校，中学校，高等学校と学校種別に，そして中学校，高等学校ではさらに教科別に細分化され，専門職の確立をめざして区別がされた**(相当免許状主義)**。

　戦前，中等教育段階における教師は高等師範学校における養成のほか，「文部省師範学校中学校高等女学校教員検定試験」（略称「文検」）の試験検定，大学において文部省により許可を受けた免許状科目の無試験検定など，科目別の免許状は存在していた。しかし，それら制度上の問題は知識・技能さえ備えていれば誰にでも教育という仕事はできるという点にあったのである。中等教育における戦後の教科別免許状は，大学における教員養成を媒介として専門職育成がめざされたのである。開放制教員養成が採用されて，教員養成のステージは中等教育程度であった師範学校から，学問の自由と自律性が保障されている高等教育機関である大学において行うことに改革された。さらに，開放制による教員養成は，法律で定められた一定の基準に合致するのであればどの大学でも教員養成が行えることを保障しており，多様な人材を輩出して民主的な社会の建設をめざしていたのである。ただし，1953年教育職員免許法改正によって，各大学の教職課程は文部大臣による**課程認定**が必須となった。それまで，戦後大学における教員養成は完全開放制であった。

　戦後日本の教員養成制度は，「**大学における教員養成**」と「**免許状授与の開放制**」という二大原則によって大きな転換を迎えたといえる。ただし，これら二大原則とともに教育職員免許法の一大特色として，文部省教職員養成課長を務めた玖村敏雄は「**現職教育の尊重**」を取り上げている。

　　大学教育の課程終了を根幹としてこの法律の免許体系は立てられているが，それは大学教育偏重思想にもとづくものではない。現職にあるものが，さらに大学に再入学して専心勉学し，一層高い免許状あるいは別系統の職の免許状を得るに必要な条件をととのえることはもとより望ましいが，そして各都道府県がこのような志望をもつ教育職員に現職のままで大学に入学することを許すような措置を

講ずることは最も望ましいことであるが，現職に在りながら余暇を見つけて自ら
の研修につとめる人達にもその研修を免許状授与資格の中に計算することにも十
分配慮したのが本法の一大特色である。　　　　　　　　　（玖村，1949，20頁）

　戦後教員養成における理念は何よりも戦前の教育と政治がともに戦争へと突
き進んだことを反省とし，「大学における教員養成」「免許状授与の開放制」の
二大原則に加え，「現職教育の尊重」を制度に布置することにより，専門職と
しての教師の確立をめざした画期的な制度であったのである。

　戦前，主に義務教育学校の教員を養成していた師範学校は，1949年国立大学
設置法によって各都道府県の国立大学に設置される学芸学部あるいは教育学部
（単科大学の場合は学芸大学）へと再編され，引き続き義務教育学校の教員の養
成を担うことになった（1966年公布の国立大学設置法一部改正により，学芸大学・
学芸学部は教育大学・教育学部へと改称された。なお，東京学芸大学は当時東京教
育大学があったため改称されていない）。

　戦後日本教員養成制度というときの「戦後」には，大きな過ちを犯した教育
と政治の反省が込められていると同時に，専門職としての教師を送り出す大学
への学問の自由と自律性に期待が込められているのである。社会が変動するな
かで教育に求められることも変化しながら教員養成制度は改革されていく。し
かしながら，その制度にはどのような理念が込められているのかを常に確認し
ていかなければならない。戦後教員養成制度は，その確認と課題を私たちに問
うているのである。

2　「大学における教員養成」は訓練なのか教育なのか

① 教員養成から教師教育へ

　戦後教員養成制度の発展に伴い，教師の力量形成の解明や教員文化の研究な
ど，教師をめぐる研究が展開されてきた。1991年には日本教師教育学会が設立
され，今日まで日本における教師教育研究を推進している。

　教師の研究に伴い，それまで使用されてきた「教員養成」（teacher training）
という語に加え，「**教師教育**」（teacher education）という語が登場した。教師

教育（teacher education）は生涯にわたって発達する教師の育ちの営みを理解し，そのうえで対象に働きかける目的的な概念である。しかしながら，それは特定の職業に向けた閉ざされた訓練（training）ではなく，「大学の自治・学問の自由の下での研究に基礎をおいた"education（教育）"」（山﨑，2016，166頁）[3]として理解されるものである。

　教員養成と教師教育という語の決定的な差異は，教員養成が主に免許状取得課程の段階として大学におけるカリキュラムや制度において意識的に使用されるほか，措定された教師像や身につけるべき力量への接近という訓練的思惟にあるのに対し，教師教育は教師の広義の意味における育ちや理論・実践的研究成果に基づく知見によって包括的に教師の力量形成と発達を解明していくという点にある。

② 教職課程における学び

　第1節で確認したように，戦後は開放制の原則によって，一般大学・学部において課程認定申請の手続きをし，認可されることで教職課程を設置することができるようになった。これにより，自身が所属する学部・学科で取得可能な免許状を希望する場合，卒業に必要な単位に加え教育職員免許法および同法施行規則に定められた教職課程における所定の単位を取得することによって免許状が授与される。

　教職課程における科目群は，教育職員免許法施行規則によって，「①教科及び教職に関する科目，②教科及び教科の指導法に関する科目，③教育の基礎的理解に関する科目，④道徳，総合的な学習の時間等の指導法及び生徒指導，教育相談等に関する科目，⑤教育実践に関する科目，⑥大学が独自に設定する科目」に区分されている。

　これら単位の修得により，教員免許状をすることが可能であるが，免許状の取得＝専門職としての教師としての力量がただちに保障されるわけではない。

　教員文化の研究を行ったアメリカの社会学者ダン・ローティ（1975）は，教師特有の初任期における仕事の質的な特徴を「Sink or Swim（いちかばちか）」と呼び，教師がほかの専門職とは異なり，初任者はまるで勤続25年のベテラン

と同じ仕事を遂行することを求められ，そしてほとんどの時間を同僚から離れて過ごしていることを指摘している（Lortie，1975，71-72頁）。

　日本でも，佐藤学は試行錯誤で創造的実践に挑戦していく新任教師について，「学校の自由な雰囲気とか理解ある先輩の存在など，いくつもの条件を必要とするだけでなく，新任教師にとっては，その成長の過程自体が，一つの闘いとしての性格をおびてこざるをえない」と指摘している（佐藤，1997，307頁）。

　免許状取得したての初任者に厳しい状況が指摘される一方で，2006年中央教育審議会（以下，中教審）「今後の教員養成・免許制度の在り方について（答申）」は，教職課程履修において「学びの軌跡の集大成」として位置づけられる教職実践演習（4年次）は，その到達目標として「教員としての職責や義務の自覚に基づき，目的や状況に応じた適切な言動をとることができる」「子どもの発達や心身の状況に応じて，抱える課題を理解し，適切な指導を行うことができる」ことをあげている。

　今日において，免許状取得に要する単位の修得と同時に教師としての適切な言動・適切な指導が求められているのである。しかしながら，現行の養成制度においてそのような資質の形成に十分応えることができるのだろうか。また，入職前の養成課程は実務への接近とは別に，教師の生涯を通じた力量形成と発達のなかでどのような固有の意味と経験を準備しているのだろうか。これら課題は教師となっていく者それぞれが再帰的に理解していくことによって明らかになると同時に，教師教育研究において実証的に明らかにしていくべき課題の1つである。

③ 教育職員免許法のゆらぎ

　1949年に制定された教育職員免許法は，1988年，1998年，2007年に大きな改正がされている。

　1988年には，それまでの教員免許状の1級・2級の区分が，**専修**（大学院修了程度）・**1種**（学部卒業程度）・**2種**（短大卒業程度）の3種類に分類された。免許区分の改定に伴い免許基準も引き上げられることになり，同年の改正では「教職に関する科目」の求められる単位取得数が増大した。

1988年改正において重要なのは，**特別免許状**，**特別非常勤講師制度**の導入である。これらは「社会人として有為な人材を教員として活用する」ために新設された制度である。これら例外的制度は，専門職としての教師を確立していく免許状主義および大学における教員養成の原則に悖（もと）る改正であるといえるだろう。さらに，2000年には特別免許状から普通免許状への切り替えが可能となり，2002年には特別免許状の授与要件から学士が撤廃されている。

　1998年改正では，「教科又は教職に関する科目」が創設され，1988年改正に続いて教職に関する科目の修得単位数を大幅に増加させた。前年の1997年では，小学校および中学校の教諭の普通免許状授与に係る教育職員免許法の特例等に関する法律が制定され，特別支援学校で2日間，社会福祉施設で5日間の介護等体験が義務づけられることになった。

　2007年改正では普通免許状・特別免許状に10年の有効期間が付され免許状更新講習の受講・修了が必要となった。**教員免許更新制**の基本的な考えについて，2006年中教審「今後の教員養成・免許制度の在り方（答申）」では，「更新制を導入し，専門性の向上や適格性の確保に関わる他の教員政策と一体的に推進することは，教員全体の資質能力の向上に寄与するとともに，教員に対する信頼を確立する上で，大きな意義を有する」とし，教員免許状については「教員として必要な資質能力を確実に保証するものとなるためには，免許状の授与の段階だけでなく，取得後も，その時々で求められる教員として必要な資質能力が保持されるようにすることが必要である」としている。

　適格性の確保としながら，同答申では不適格教員の排除を直接の目的とするものではないという矛盾を示しており，さらに免許状授与の段階を含めて必要な資質能力の保証を求めている点において，教師および免許状主義への不信を明らかにしているのはいうまでもない。現職教育の尊重の原則において必要なのは，自己研鑽や現職研修の充実をめざす制度・環境的整備であり，更新に迫られた講習ではない。2007年改正は，教育職員免許法の理念との整合性および専門職としての教師の免許更新という合理的根拠の欠如という課題を残したものであった。

2022年改正において，教員免許更新制は廃止された。しかし，同年教育公務員特例法改正により，公立の小学校等の校長および教員の任命権者は，研修等による校長および教員の資質向上に関する取り組みの記録作成が義務づけられた（「研修等に関する記録」）。いずれにせよ，教えることと学ぶことの機能的理解による政策は，教師の発達と力量形成を制度に解消させてしまうおそれがある。教師たちによる自主的な学びとその育ちをどのように支えていくのか，教育職員免許法はそのような教育的観点によって整備されていく必要がある。

④ 教員として採用されること

教職という職業に就く場合，教員として採用される必要がある。教員の採用は，一般企業や地方公務員の採用にみられる競争試験とは異なり，「**選考**」（教育公務員特例法第11条）という様式によって行われている。これは，広く子どもの人格にかかわる職業として，すぐれた資質をもつ者を適正な人物評価によって行うことが含意されている。選考を通過し任命されることにより，教員として採用されるのである。

教員採用試験は各都道府県・政令指定都市による差異はあるが，**一般選考**と**特別選考**の区分によって実施される。一般選考は，教職教養，一般教養，専門教養，小論文が課せられる筆記試験，個人面接や集団面接による面接，各教科による実技によって構成されている。特別選考は，「教師養成塾生を対象とした特別選考」「大学推薦」「社会人経験者」などの区分によって実施されている。いずれも各都道府県・政令指定都市により差異があるため，それぞれが公表している「実施要項」にて確認する必要がある。

従来，一般選考は大学4年次に実施されていたが，2023年度より東京都，神奈川県，千葉県など一部の都道府県・政令指定都市において大学3年次での前倒しによる選考が開始された。東京都の例をみると，大学3年次に一次選考の教職教養，専門教養を受験し，選考を通過することで4年次採用試験に当該科目の選考を免除されるようになった。

教員採用の早期化は学生の負担軽減につながる一方，ともすれば行政による採用の囲い込みとなり，今後の行政および教員採用率を広報の1つとして経営

主義的に重視している大学によっては，憲法上保障されている職業選択の自由を制限することにもなりかねないことに注意しなければならない。

3　教師をめざす人の学びを支える制度とは

① 求められる実践的指導力

　近年，大学における養成課程において**実践的指導力**が求められている。2012年中教審「教職生活の全体を通じた教員の資質能力の総合的な向上方策について（答申）」では，これからの教師に求められる資質能力について，「これからの社会で求められる人材像を踏まえた教育の展開，学校現場の諸課題への対応を図るためには，社会からの尊敬・信頼を受ける教員，思考力・判断力・表現力等を育成する実践的指導力を有する教員，困難な課題に同僚と協働し，地域と連携して対応する教員が必要である」と述べている。それに続き，大学における教員養成については次のように対応を求めている。

　他方，初任者が実践的指導力やコミュニケーション力，チームで対応する力など教員としての基礎的な力を十分に身に付けていないことなどが指摘されている。こうしたことから，<u>教員養成段階において，教科指導，生徒指導，学級経営等の職務を的確に実践できる力を育成するなど何らかの対応が求められている。</u>特に，いじめ・暴力行為・不登校等生徒指導上の諸課題は深刻な状況にあり，陰湿ないじめなど，教員から見えにくい事案についても子どもの兆候を見逃さず，課題を早期に把握し，警察等の関係機関と連携するなどして的確に対応できる指導力を養うとともに，教職員全体でチームとして取り組めるよう，こうした力を十分に培う必要がある。　　　　　　　　　　　（中央教育審議会，2012，下線は筆者）

　養成段階における実践的指導力の育成の要請は，1987年教育職員養成審議会「教員の資質能力の向上方策等について（答申）」において端緒を確認できる。

　同答申において実践的指導力は，「養成・採用・現職研修の各段階を通じて形成されていくものであり，その向上を図るための方策は，それぞれの段階を通じて総合的に講じられる必要がある」と，段階的に理解されていた。しかしながら，2012年中教審答申では，養成段階から的確な指導ができるよう求めていることから，それまで段階的に捉えられていた実践的指導力はいわゆる「即

戦力」として一元的に理解されるようになったのである。

　すでに，こうした実践的指導力の育成は行政により推進されている。2004年以降，東京都での設置から広がりをみせている**教師養成塾**は，各自治体により差異はあるが，受講することにより教員採用試験の一部免除，初任者研修の一部免除などの特別措置が与えられる。

　東京都教師養成塾の入塾生募集ポスターを例にみてみると，「東京都教師塾は，豊かな人間性と実践的指導力を兼ね備え，将来，指導的役割を果たすことのできる教師となるよう，大学3年生（大学院1年生）の段階から養成を行います」と，公に行政が教員養成を行うことを宣言していることが確認できる。

　実践的指導力の育成という名の下で推進される行政による大学の養成課程への要請，採用の特権ルートの設置は，戦後教員養成制度の原則である大学における教員養成を質的に変容していくことが推測される。

　実践的指導力という語の「実践的」とはどのような意味をもつのか。この語を大学における養成段階において翻訳して批判的に検討しなければ，狭く職業に閉ざされた実務的能力を示す語へと解消することになるだろう。

② **教師教育における自律性の確立に向けて**

　教員養成制度は，専門職として教師をめざす人の学びを支える観点から構築しなければならない。しかしながら，教育職員免許法改正による免許状制度の緩和，行政による養成の介入など，教師をめぐる制度は大きな揺らぎをみせている。同時に，政策として推進されていく実践的指導力など，教師に求められる力量が年々増加していくなか，それら力量を獲得する言説によって専門職として極めて重要な自律性が排除されていく可能性がある。

　自律性をめぐっては，2019年度より「教職課程コアカリキュラム」の策定によって教員養成における全国的な水準確保がめざされ，開放制の原則とは逆行するような標準化が進行している。

　専門職として教師をどのように育成するのかといった際，理念に加えて標準も重要な意義をもっている。しかしながら，それら理念や標準がどのように教師あるいは教師をめざす人の学びを支えるのか，そしてそれを誰がつくり評価

するのかという主体を問う必要がある。

「魂を欠いた標準化」（ハーグリーブス，2005，3頁）によって教師をめぐる政策を推進するのではなく，戦後教員養成制度における理念，教職課程で学ぶ学生の声や現場の教師の声を基盤に，研究的に教師政策の課題を明らかにし，大学において自律的な育成とその環境を保障していく必要がある。

そのためにも，戦後教員養成制度の原則を常に確認しながら，その原則下でどのような力量を身につけ，またどのような教師としての育ちのプロセス経てきたのかを明らかにしなければならない。政策的要請に対していかに応えた教師を育てるかという上からの専門職育成ではなく，歴史的・社会的に構築されてきた制度・環境のなかで，教師としてどのような育ちと力量形成があったのかという下からの専門職育成の観点が，専門職としての教師の学びを支える制度・環境を探究していく1つの方途なのである。

本章を振り返る問い
　大学の養成段階において実践的指導力が求められている。あなたはこの実践的指導力をどのような指導力だと考えるか。またその指導力がどのようにして大学で育成可能だろうか。「現職教育の尊重」という語を使いながら考えてみよう。

参考・引用文献
アンディ・ハーグリーブス／木村優・篠原岳司・秋田喜代美監訳（2015）『知識社会の学校と教師――不安定な時代における教育』金子書房
玖村敏雄編（1949）『教育職員免許法・同法施行法解説（法律編）』学芸図書
佐藤学（1997）『教師というアポリア』世織書房
土屋基規（2017）『戦後日本教員養成の歴史的研究』風間書房
寺﨑昌男・榑松かほる・船寄俊雄・岩田康之・菅原亮芳（1994）「『文検』合格者の学習体験とライフコース――中等教員の資格試験と教育学的教養に関する歴史的研究（1）」『日本教師教育学会年報』第3巻，70-93頁
水原克敏（1977）「『師範型』問題発生の分析と考察――師範教育の小学校教員資質形成における破綻」教育史学会『日本の教育史学』第20巻，20-37頁
文部省（1972）『学制百年史』帝国地方行政学会
山﨑準二（2016）「教師教育の多元化システムの構築――「教師のライフコース研究」の視点から」佐藤学編『学びの専門家としての教師』〈岩波講座　教育4〉岩波書店
Lortie, D. C.（1975）*Schoolteacher : A Sociological Study*, The University of Chicago Press.（ダン・ローティ／佐藤学監訳，織田泰幸・黒田友紀・佐藤仁・榎景子・西野倫世訳（2021）『スクールティーチャー――教職の社会学的考察』学文社）

4　教師のキャリア形成と「学び続ける教師」
―40年間を通した教師の発達

1　教師として備えるべき専門的能力とはなんだろうか

① 教育行政によって示される教師の資質能力

　これまで日本の教育行政は，教師が備えるべき専門的能力を「**資質能力**」と称し，各種審議会等を通して幾度となく提示してきた。1997年の教育職員養成審議会第1次答申では，1987年の同審議会答申で掲げられた一般的資質能力を「いつの時代も教員に求められる資質能力」としたうえで，変化の激しい時代のなかで新たに求められる資質能力を「今後特に教員に求められる具体的資質能力」として示し，その具体例を「地球的視野に立って行動するための資質能力」「変化の時代を生きる社会人に求められる資質能力」「教員の職務から必然的に求められる資質能力」の枠組みから整理している。その後，2005年の中教審答申「新しい時代の義務教育を創造する」では，すぐれた教師の条件として，①教職に対する強い情熱，②教育の専門家としての確かな力量，③総合的な人間力という要素をあげている。同様の傾向は，2012年の中教審答申「教職生活の全体を通じた教員の資質能力の総合的な向上方策について」でもみられ，これからの教師に求められる資質能力を，①教職に対する責任感，探究力，教職生活全体を通じて自主的に学び続ける力，②専門職としての高度な知識・技能，③総合的な人間力として整理している。さらに2015年の中教審答申「これからの学校教育を担う教員の資質能力の向上について～学び合い，高め合う教員育成コミュニティの構築に向けて～」では，これまでの答申などで示されてきた資質能力は，今後も引き続き求められる「不易の資質能力」と位置づけたうえで，新たな時代の教師には，時代の変化やキャリアステージに応じて求められる資質能力を生涯にわたって高めるため，自律的に学ぶ姿勢をもつことが必要であると指摘している。

　このようにみると，教育行政によって示される教師の資質能力にはいくつかの特徴がある。まず，教師の資質能力は，いつの時代でも求められる「不易の

資質能力」と，新しい時代に求められる「流行の資質能力」から構成されており，近年ではとくに後者の資質能力を備えることが強調されている。つぎに，教師が身につけた資質能力は時代の変化に応じて常に刷新される必要があり，そのためには自律的に学び続ける姿勢をもつこと，すなわち「**学び続ける教員像**」が提唱されている。こうした教師の資質能力の特徴は，「**令和の日本型学校教育**」の構築をめざす教育改革にも強く反映されており，2022年の中教審答申「『令和の日本型学校教育』の構築を目指して〜全ての子供たちの可能性を引き出す，個別最適な学びと，協働的な学びの実現〜」では，Society 5.0時代における教師のあり方として，教育における ICT 活用といった環境の変化を前向きに受け止め，教職生涯を通じて継続的に学び続けることを求めている。

② キャリアステージに応じて求められる教師の資質能力

　上記したように，教育行政が示す教師の資質能力のうち，近年とくに求められているのが，時代の変化に応じた「流行の資質能力」であり，それを身につけ自らを刷新するために，自律的に学び続ける姿勢をもつことが強調されている。なかでも2015年の中教審答申「これからの学校教育を担う教員の資質能力の向上について〜学び合い，高め合う教員育成コミュニティの構築に向けて〜」では，学び続ける教師を支える基盤として，①任命権者である教育委員会と教員養成にかかわる大学等が相互に議論し，養成や研修を調整する場として「**教員育成協議会**」を創設すること，②当該協議会において教育委員会と大学等が教師の育成ビジョンを共有するため，関係者が協働して「**教員育成指標**」を策定することなどを提言している。同答申では，教員育成指標を策定するねらいを，高度専門職業人としての教師がキャリアステージに応じて身につけるべき資質能力を明確化するためとしている。さらに教員育成指標を策定するにあたり，全国共通の基本的事項や最低限の資質能力などについては，各地域が参酌すべきものとして，国が大綱的な策定指針を示すべきであるとしている。

　この2015年の中教審答申に基づき，2016年11月には「教育公務員特例法等の一部を改正する法律」が制定された。この改正法では，①文部科学大臣は指標策定のために必要な指針を定めること，②教員の任命権者は教育委員会や大学

等で構成される**教員育成協議会**を設置すること，③教員の任命権者は指針を参酌しつつ，協議会の協議によって**教員育成指標**を策定すること，④教員の任命権者は指標をふまえ，教員の研修を体系的かつ効果的に実施するための教員研修計画を策定することなどを定めている。これを受け，2017年3月には「公立の小学校等の校長及び教員としての資質の向上に関する指標の策定に関する指針」（以下，指針）が告示され，同4月に上記の改正法が施行されたことで，任命権者による教員育成指標の策定が全国的に進められた。

　さて，教員育成指標の策定には，文部科学大臣の示す上記の指針が重要な枠組みとなる。2017年3月に告示された上記の指針は，「**令和の日本型学校教育**」などの視点をふまえて2022年8月に改正されたことから，ここでは改正された指針の内容をみてみよう。指針では，教師の**キャリアステージ**の設定について，学校種や職種の指標ごとに複数の段階を設けることとしており，新規採用を第一段階としたうえで，「1年から5年」「6年から10年」といった経験年数による区分や，「向上・発展期，充実・円熟期」や「初任，中堅，ベテラン」といった時期区分を提示している。またキャリアステージごとに設ける指標の事項として，「①教職に必要な素養，②学習指導，③生徒指導，④特別な配慮や支援を必要とする子供への対応，⑤ICTや情報・教育データの利活用」をあげている[1]。

　こうした指針を参酌して策定された教員育成指標の一例として，東京都教育委員会が2017年7月に策定，2023年2月に改定した[2]「東京都公立学校の校長・副校長及び教員としての資質の向上に関する指標」（東京都教育委員会2023）をみてみよう（表4.1）。キャリアステージについては，教師の成長段階を職階と一致するようおおむね5つに区分しており，教諭の段階では「基礎形成期（1〜3年目）」と「伸長期（4年目〜）」，主任教諭の段階では「充実期（9年目〜）」，それ以降は「指導教諭」と「主幹教諭」（ともに11年目〜）の段階を設定している。これらのステージごとに「求められる能力や役割」を示したうえで，身につけるべき資質能力として「学習指導力」「生活指導力・進路指導力」「外部との連携・折衝力」「学校運営力・組織貢献力」の4つの領域を設け，

表4.1　東京都公立学校の校長・副校長及び教員としての資質の向上に関する指標（一部抜粋）

職階・成長段階	教諭		主任教諭
	基礎形成期 1～3年目	伸長期 4年目～	充実期 9年目～
学習指導力	・学習指導要領の趣旨を踏まえるとともに，教育課程に基づき教育活動の質の向上を図ることの意義を理解し，ねらいに迫るための指導計画や評価計画の作成及び学習指導することができる。 ・児童・生徒の学習の状況や指導計画・評価計画を振り返り，授業改善を図ることができる。 ・児童・生徒の興味・関心を引き出し，個に応じた指導を行うことができる。		・「個別最適な学び」と「協働的な学び」の一体的な充実に向けた，学習者中心の授業をすることができる。 ・同僚や教諭等と協働した授業研究や，指導上の課題を捉えた指導・助言をすることができる。
	・教材の研究及び実践に努め，各教科等の専門的知識を身に付けるとともに，授業に生かすことができる。	・教材の研究や開発に努め実践に生かし，各教科等の専門的知識を深めることができる。	・授業改善や授業評価について，実態や課題を捉え，解決策を提案することができる。
生活指導力・進路指導力	・児童・生徒の良さや可能性を伸ばしながら，キャリア教育の計画を立てることができる。 ・生活指導上の課題に直面した際，他の教員に相談しながら解決することができる。	・児童・生徒の個性や能力の伸長及び社会性の育成を通した自己実現を図る指導を行うことができる。 ・他学級等の生活指導上の課題について共に対応したり，効果的な指導方法について助言したりすることができる。	・自校の多様な課題について，解決策を提案することができる。 ・児童・生徒がもつ個々の思いや悩み等を受け止め，学校生活への適応や人格の成長への援助を行うことができる。
	・心身の発達の過程や特徴を理解し，児童・生徒と信頼関係を構築して，授業や学級での規律を確立することができる。		・児童・生徒一人一人の可能性や活躍の場を引き出す集団づくりを行い，児童・生徒に自己有用感をもたせることができる。

出所：東京都教育委員会（2023）より筆者作成

　さらに「特別な配慮や支援を必要とする子供への対応」「デジタルや情報・教育データの利活用」「教育課題に対する対応」の項目を記載している。

③ 教師の発達を捉える視点

　全国の**教員育成指標**をみると，東京都と同様，キャリアステージ×資質能力のマトリクス状で表現されることが多い。これは，教師の成長を直線的にイメージして，経験年数や職階ごとに身につけるべき資質能力を規格化するという，行政目線の教職キャリアの捉え方である。たしかに教師は，キャリアステージによって求められる役割が異なり，それに応じた資質能力を身につける必要はあるだろう。ただし教師が資質能力を身につけるプロセスは，規格化された直線的なモデルだけではない。ここでは，教師の**発達**を捉える視点を検討しよう。

　今津（2017）は，教師が生涯にわたって変容する様子を「教師発達」という概念で捉えており，その意味を「個人が教師を志望してから職業準備教育を受け，資格を取得し，採用試験に合格して教職に就き，教職生活を積み重ねて退職する前での間に，個人としての教師に生じた変容の過程」（84頁）と定義している。今津は教師発達という概念が，①教師が退職するまでの変容過程を射程に入れるものであること，②「フォーマル」（公的・定型的）な学びとともに，

表4.2　教師の生涯発達研究のモデル

名称	変化方向イメージ	主に研究されてきた面
成長・熟達モデル	プラス／経験（上昇曲線）	特定の授業技能や学級経営技能・実践的な知識や思考過程
獲得・喪失両義性モデル	獲得／喪失／経験	知識・思考，生徒との対人関係，仕事や学びへの意欲
人生の危機的移行モデル	プラス／ライフコース（螺旋状上昇）	環境による認知的。対人的葛藤と対処様式，自我同一性，発達課題，社会文化の影響
共同体への参加モデル	周辺／十全／共同体	集団における地位・役割，技能，語り口，思考・信念様式，共同体成員間の相互作用

出所：秋田（1999）

「ノンフォーマル」（非定型的）や「インフォーマル」（非公的・私的）な学びを通した変容も含むこと，③価値的に望ましい変化だけではなく，望ましくない変化も含むこと，④「個人としての教師」とは「職業的自己」だけではなく個人の「全体的自己」に着目するものであることなどと説明している（今津，2017，85頁）。同じく，教師の変容を「生涯発達」という視点で捉えた秋田（1999）は，表4.2のような４つの発達研究モデルを提示している。「成長・熟達モデル」は，教職経験を積み重ねることで，専門職としての力量や認識が望ましい方向へと増大していくモデルである。「獲得・喪失両義性モデル」は，混沌とした教職生活のなかで，能力を獲得することもあれば喪失することもあるという両義的なモデルである。「人生の危機的移行モデル」は，教師は人生のさまざまな危機を乗り越えながら，自身のあり方を変容させていくモデルである。「共同体への参加モデル」は，教師コミュニティへの周辺的な参加から徐々に十全な参加を果たすことで，一人前の教師として変容を遂げていくモデルである。

　今津（2017）や秋田（1999）がともに依拠する「発達」という概念では，教

師が人生と職業の経験を通して多様な学びの機会に遭遇しながら，生身の「人間」，組織人・職業人の「教員」，専門職の「教師」として，多様に変容していく姿が想定されている。それは，経験年数に応じて加算的・画一的に資質能力が身につくような，ただ1つの道ではなく，日々の教職生活のなかで行きつ戻りつしながら独自の道を歩む，個人の物語である。このように考えると，教師が身につける資質能力は，教員育成指標のようなマトリクス状で一律に表されるだけではなく，個人の人生と職業の経験によっても異なるはずである。教育の対象である子どもが生身の「人間」である以上，教育の担い手である教師もまた，人間味あふれる魅力的な存在であることがめざされるであろうし，発達のプロセスによって得られる資質能力も個性的かつ重層的であるだろう。

　さらにこの「発達」の概念は，さまざまな資質能力を身につけるために掲げられる「学び続ける教員像」の「学び」にも重要な示唆を与えてくれる。すなわち教師の学びとは，一律で限定された機会での学びだけを意味するのではなく，個々の教師の日常的な教育実践や教職生活のあらゆる場面に埋め込まれた多様な学びを含むものと捉えることができる。

2　教師としてあなたはどのように学んでいくのだろうか

① 教師が学ぶ意義と研修の法的位置づけ

　「教育は人なり」というように，学校教育の成否は，それを担う教師の資質能力に左右される。教師は日々の教育活動のなかで，子どもたちに知識や技能を教授するとともに，将来にわたる人格形成にも大きな影響を与えている。さらに，子どもたちに求められる資質能力や教育の今日的課題はつねに変化しており，時代に応じた教育が求められる。前節で紹介した不易や流行の資質能力は，こうした学校教育への要請に応えるために教師が備えるべきものであり，そのために「学び続ける教員像」が提唱されている。ただし教師が学ぶ意義は，単に社会的要請に応えることにあるわけではない。教師が教えることは子どもが学ぶことと不可分の関係にあり，子どもの成長をめざして子どもと生きた関係を構築する教師の仕事には，子どもの変化に応じて自分自身も変化せざるを

えないという性質がある（苅谷・金子，2010）。つまり教職は，さまざまな学びの機会によって変容することを余儀なくされる専門職なのである。

　このような教師の学びの機会として公的に設けられているのが**研修**である。第3章でも説明したように，教師になるための教員免許状を取得するためには教員養成課程での学修が必要になるが，この課程で身につけた資質能力だけで長期にわたる教職生活を全うすることはできない。そこで教職に就いて以降の義務として，そして権利として，法規定されているのが研修である。

　研修の根本的な法規定は，教育基本法第9条第1項「法律に定める学校の教員は，自己の崇高な使命を深く自覚し，絶えず研究と修養に励み，その職責の遂行に努めなければならない」と，同第2項「前項の教員については，その使命と職責の重要性にかんがみ，その身分は尊重され，待遇の適正が期せられるとともに，養成と研修の充実が図られなければならない」である。教師は，子どもの人格形成に関わる「崇高な使命」を自覚し，つねに**研究と修養**に励むとともに，学びの機会である「養成と研修」を充実させる必要があるとしている。この教育基本法の根本的な理念を受け，教育公務員特例法第21条第1項では，「教育公務員は，その職責を遂行するために，絶えず研究と修養に努めなければならない」と定めている。教師が行う研修は，これら教育基本法と教育公務員特例法に示された「研究と修養」であると理解されている（久保，2011）。

　研修をめぐる法規定では，教師に対して「努めなければならない」と努力義務を示す一方で，研修を受ける権利も同時に強調している。教育公務員特例法第22条第1項では，「教育公務員には，研修を受ける機会が与えられなければならない」とされ，研修を受ける機会が権利として保障されている。同第2項では「教員は，授業に支障のない限り，本属長の承認を受けて，勤務場所を離れて研修を行うことができる」，同第3項では「教育公務員は，任命権者の定めるところにより，現職のままで，長期にわたる研修を受けることができる」とされており，勤務場所を離れて行う研修や長期間の研修が認められている。一般の地方公務員にこうした特例は認められておらず，自主的・主体的に資質能力を開発することが重要となる教職の性格が，法規定にも反映されている。

② 研修の形態と種類

　法規定された教師の研修は，主に国と都道府県・市町村で実施されている。国による研修では，独立行政法人教職員支援機構が，地方自治体や大学等と連携して，学校関係者を対象とした研修，各教育委員会の研修に対する指導・助言，教員の資質能力向上に関する調査研究などを行っている。都道府県・市町村による研修では，各教育委員会が主体となって，法律で実施が定められた研修，教職経験や職能に応じた研修，長期派遣研修，専門的な知識・技能の習得に関する研修などを行っている。また研修は服務の形態によって，①任命権者や所属長の職務命令によって行う**職務研修**，②地方公務員法第35条に定められた「職務に専念する義務」を免除して行う**職務専念義務免除研修**，③教師が勤務時間外において自主的に行う**自主研修**がある。さらに研修は実施する場所によって，学校内で行う**校内研修**と，学校外で行う**校外研修**に分けられる。

　このような形態で実施される研修の具体的な種類をみてみよう。職務研修のなかでも法律で実施が定められた**法定研修**といわれるものには，**初任者研修**，**中堅教諭等資質向上研修**，**指導改善研修**がある。初任者研修とは，1989年に制度化され，新規に採用された者を対象に，教師としての実践的指導力と教職への使命感を養うことなどを目的として，採用から1年間で実施する実践的な研修である。初任者研修には校内研修と校外研修があり，校内研修は週10時間以上（年間300時間以上），校外研修は年間25日以上実施することが定められている。校内研修では，所属校の指導教員や拠点校指導教員により，教科指導，生徒指導，学級経営など，教師としての基本的な職務に関する指導・助言が行われる。校外研修では，教育センターなどでの講義や演習，企業・福祉施設や青少年教育施設などでの体験的な研修が行われる。中堅教諭等資質向上研修とは，教育活動や学校運営において中核的役割を果たすことが期待される中堅教諭らを対象に，職務遂行に必要な資質の向上を目的に実施される研修である。従来は法定研修として10年経験者研修が実施されていたが，**免許状更新講習**との兼ね合いなどから同研修の見直しが検討され，2016年11月の「教育公務員特例法等の一部を改正する法律」によって制度化された。指導改善研修とは，指導が

不適切であると認定した教師を対象に，その能力や適性などに応じて，指導の改善を図ることを目的に実施される研修である。いわゆる「指導力不足教員」の問題から人事管理システムのあり方が議論され，2007年6月の「教育職員免許法及び教育公務員特例法の一部を改正する法律」によって制度化された。

　教師の研修には，大学・大学院で行われるものもある。2001年度から始まった**大学院修学休業制度**は，専修免許状を取得する機会の拡充を目的に，任命権者の許可を得て3年を超えない範囲で国内外の大学院に在学し，課程を履修するために休業することができる制度である。また，2008年度に創設された**教職大学院**では，新しい学校づくりを担うことができる新人教員の養成とともに，地域や学校における指導的役割を果たすことができるミドルリーダー（中核的中堅教員）の養成も目的とされており，弾力的な履修形態を可能とすることで，現職の教師が職務に従事しながら大学院で履修できるように設計されている。

　さらに近年でも，教師の研修をめぐる制度改革が実施されている。2022年5月に制定された「教育公務員特例法及び教育職員免許法の一部を改正する法律」では，2009年4月に導入された**教員免許更新制**を廃止するとともに，校長および教員の任命権者による研修記録の作成および資質の向上に関する指導助言などに関する規定が教育公務員特例法に盛り込まれた。同法により2023年4月からは，教師ごとに任命権者が**研修履歴**の記録を作成し，学校管理職はそれを活用して教師との**対話に基づく受講奨励**を行うこととなっている。

③ 発達の視点から捉える教師の学び

　ここまでみてきたように，義務および権利として法規定された研修は，教師の学びの機会として確かに重要ではあるものの，教師の学びは公に制度化された研修だけにとどまらない。生涯を通した発達という視点からは，教職生活のあらゆる場面において，教師の学びの機会がみえてくる。

　前節で説明したように，教師が資質能力を身につける道は，望ましい方向へと皆が進む一本道ではなく，日々の教職生活のなかで行きつ戻りつしながら独自の道を歩む，個人の物語である。教師の発達において意味ある経験としては，子どもや同僚との出会い，新しい環境や仕事への挑戦，個人の生活上の転機な

どがあげられる。たとえば，指導がむずかしい子どもと出会ったり，困難を乗り越えるために同僚から助言を得たりすることで，それまでの教育実践を見直す契機になるかもしれない。異動によって新しい学校に赴任したり，新しい校務分掌を任されたりすることで，教師として担うべき仕事の視野が広がるかもしれない。あるいは，私生活において出産や育児を経験することで，自身の子ども観や教育観が変容するかもしれない。こうした経験による学びは個別のものであり，増大や獲得だけではなく喪失や危機をも含み，さらには教師が生きる時代の影響も受ける。山﨑（2012）をはじめとする教師のライフコース研究では，教師の力量形成につながる経験が多様な視点から描かれている。

さらに研修のなかでも，一律の制度的な枠組みを超えて個別性が色濃く反映されるのが，校内研修や自主研修である。2012年の中教審答申「教職生活の全体を通じた教員の資質能力の総合的な向上方策について」では，日常的な教育実践や授業研究等の校内研修，他校との合同研修会，民間教育研究団体による研究会への参加などを通して，教師は実践力を身につけるとしており，教師の自主性や主体性に基づく学びを活性化させるよう求めている。昨今では，教師の勤務管理や働き方改革などの観点から校内研修や自主研修を縮小させる動きもみられるが，教師による「研究と修養」が自主的・主体的な営為（久保，2018）であるならば，こうした研修の機会は尊重されなければならない。

3 「学び続ける教師」としてあなたは何を大切にするのか

本章ではここまで教師のさまざまな学びの機会を紹介してきたが，最後に，そもそも教師はなぜ学び続ける必要があるのか，学び続けるうえで何を大切にすべきなのかについて考えてみたい。

進展する知識基盤社会や情報化・グローバル化社会を生きる子どもたちを育てるため，教育は時代や社会のニーズに応える必要があり，そのためには教師も日々更新される知識・技能を絶えず習得しなければならないというのが，教育行政が掲げる「学び続ける教員像」の姿である。他方で教師は，時代や社会の変化とはかかわりなく，仕事の性質そのものが学び続けることと不可分な関

係にあるという見方もある。そもそも教師は，「子どもを育てる」という内容や範囲が曖昧かつ複雑で，明確な正解が存在しない仕事に従事しており，刻々と変化する状況のなかで文脈に応じた適切な判断が求められる。そして教師の実践は，子どもという自らの外側に働きかける行為ではあるものの，子どもの変化に対する評価や責任は，結局のところ自らに舞い戻ってくる。佐藤（1997）は，こうした教師の仕事の性質を「無境界性」「不確実性」「再帰性」と表現し，仕事のむずかしさとして職域を拡散・分裂させて解体する否定的な作用がある一方，教職の概念を新たに再定義する可能性も秘めているとしている。

　上記のような教師の仕事の性質があるとすれば，「学び続ける教師」の姿とはどのようなものだろうか。それを考える手がかりとなるのが，アメリカの哲学者であるショーンが提示した「**反省的実践家**」という専門家のモデルである（Schön D., 1983）。ショーンは，一般原則から枠づけられた「問題」に対して科学的に構成された理論を厳密に「適用」することで解決を図るような専門職実践を技術的合理性モデルとしたうえで，不確実性，不安定性，独自性があり，価値観の葛藤が伴うような状況では，技術的合理性モデルが前提とする問題自体を問い直す必要が生じるという。このような状況では，固有で複雑な文脈と対話しながら，暗黙のうちに認識されている問題の枠組み自体を転換していくという，探究のプロセスが必要となる。ショーンはこのプロセスを「**行為の中の省察**」と呼び，省察によって実践を高めていく専門家像を反省的実践家モデルとして提示した（詳細は第12章を参照）。また佐藤（1997）は，ショーンの反省的実践家モデルを教職に援用しながら，教師が備えるべき専門的力量を「問題状況に主体的に関与して子どもとの生きた関係とり結び，省察と熟考により問題を表象し解決策を選択し判断する実践的見識」（58頁）であると指摘している。これらの議論をふまえれば，今日の教師には，時代や社会のニーズに応えるための知識や技術を身につけるだけではなく，実践のなかにある固有で複雑な文脈と対話しながら問題の枠組みを捉え直し，より最適な問題の設定と解決をデザインすることができる専門的力量を獲得すること，そしてこのプロセスを通して自らも変容させていくことが求められるだろう。

今日の教師には，自分以外の外側からの要請によって学ぶことが強いられ，「学び続けなければならない」という暗黙の認識が広がるとともに，そこでの学びは学校や子どもの文脈から離れた知識や技術の習得に焦点づけられていないだろうか。他方で教師の学びの機会は，日常的な教育実践や教職生活のあらゆる場面に埋め込まれており，自己を変革するチャンスに満ちている。教師の働き方改革や「研修履歴を活用した対話に基づく受講奨励」が進められつつあるなか，学習者主体の学びを教師にも置き換え，自らがめざしたい教師の姿に照らして，どのような学びを選び取るのかが，これまで以上に試されている。

本章を振り返る問い

教師であるあなたは，自らの意思で主体的に学ぶために，何を大切にするか。目的，内容，方法といった観点から考えてみよう。

注
1）指針では，指標となる5つの事項を示したうえで，各事項の具体的な資質能力は文部科学大臣によって別に定めるとされている（文部科学省，2022）。
2）東京都教育委員会と同様，2022年8月の指針の改正に合わせて，全国の教員育成指標も見直されている。

参考・引用文献
秋田喜代美（1999）「教師が発達する筋道―文化に埋め込まれた発達の物語」藤岡完治・澤本和子編著『授業で成長する教師』ぎょうせい，27-39頁
今津孝次郎（2017）『新版　変動社会の教師教育』名古屋大学出版会
苅谷剛彦・金子真理子編著（2010）『教員評価の社会学』岩波書店
久保富三夫（2011）「教員の研修」平原春好・寺﨑昌男編『新版　教育小事典【第3版】』学陽書房，95-96頁
　　――（2018）「教特法研修条項（第21・22条）の原理と課題―『勤務時間内校外自主研修』の活性化をめざして―」『教育制度学研究』第25号，東信堂，19-36頁
佐藤学（1997）『教師というアポリア―反省的実践へ』世織書房
東京都教育委員会（2023）「『東京都公立学校の校長・副校長及び教員としての資質の向上に関する指標』の改定について」https://www.kyoiku.metro.tokyo.lg.jp/press/press_release/2023/release20230216_04.html，（2023年9月1日最終閲覧）
文部科学省（2022）「公立の小学校等の校長及び教員としての資質の向上に関する指標の策定に関する指針（令和4年8月31日改正）」https://www.mext.go.jp/content/20220901-mxt_kyoikujinzai01-000023812_1.pdf，（2023年9月1日最終閲覧）
山﨑準二（2012）『教師の発達と力量形成―続・教師のライフコース研究』創風社
Schön, D.（1983）*The Reflective Practitioner : How Professionals Think in Action*, Basic Book.

5　教師の日常

1　教職の業務はどういった内容なのか

　私たちの多くは小学校入学から高校卒業までに 1 万3000時間の授業を受け，教師の授業展開を観察している。それ以外にも休み時間や放課後に遊び，勉強，日常生活の面で教師とかかわりをもち，かれらの仕事を体験的に知っている。つまり，教師を毎日のように観察し，教職を身近な職業として認識することを通して，まるで弟子が師匠の仕事を見て学ぶ徒弟制のような経験をしている。このような状況を「**観察の徒弟制**」という（Lortie, 2002, 61–67頁）。そのため，多くの人々は教職をわかったつもりになり，誰にでも教師が簡単に務まり教えるという行為ができると考えてしまう場合がある。だが，必ずしもすべての仕事を知っているわけではない。そこで，まず実際の教師の仕事内容を確認する。

　図5.1は，教師の 1 日の流れのイメージ図（一例）である。本来，教師の勤務時間は 1 日 7 時間45分であり，その間に45分の休憩をとることが義務づけら

	出勤	朝の準備	朝の会／ホームルーム活動	1校時	2校時	3校時	4校時	昼食・給食指導	清掃指導	5校時	6校時	帰りの会／ホームルーム活動	打ち合わせ／休憩	会議・打ち合わせ	部活動他	校務分掌事務	学年・学級経営	授業準備	その他の業務	退勤
小学校	出勤	授業準備・登校指導他	朝の会	1校時	2校時	3校時	4校時	昼食・給食指導	清掃指導	5校時	6校時	帰りの会	打ち合わせ	会議・打ち合わせ		校務分掌事務	学年・学級経営	授業準備	その他の業務	退勤
中学校	出勤	朝会・打ち合わせ／授業準備・登校指導・部活動他	朝の会	1校時	2校時	3校時	4校時	昼食・給食指導	清掃指導	5校時	6校時	帰りの会	休憩	会議・打ち合わせ	部活動他	校務分掌事務	学年・学級経営	授業準備	その他の業務	退勤
高校	出勤	授業準備・登校指導・部活動他	ホームルーム活動	1校時	2校時	3校時	4校時	昼食・子ども対応他		5校時	6校時	ホームルーム活動・清掃指導／部活動・補習・進路指導他		会議・打ち合わせ	部活動他	校務分掌事務	学年・学級経営	授業準備	その他の業務	退勤

子どもの在校時間　　　　保護者対応

7:00–8:00　　　　　　　　　　　　　　　　　　　　　　19:00

| 時間外 | 勤務時間（7時間45分）+休憩時間（45分） | 時間外 |

図5.1　教師の 1 日の勤務イメージ

注：図中の色がついている校時は自身の担当授業がない時間帯の例
出所：川崎市教育委員会（2019, 5 頁），横浜市教育委員会（2017, 1 頁）などをもとに作成

れているもの，実態は異なっている。以下では，小学校，中学校，高校の各教師の1日の具体的な行動を紹介しよう。

① 小学校教師の1日

小学校教師は出勤してから1時間目の授業開始までに，授業準備や登校指導を行う。その後，職員室で教師間の打ち合わせを行い，各種（欠勤教師の有無，教師の欠勤に伴う対応，子どもへの連絡事項や配布プリントなど）の確認などを行う。それから，自身の学級の教室に行き，朝の会を行い，子どもの出欠や健康状態の確認などをする。

その後，1時間目から6時間目の授業まで基本的にすべて行う[1]。休み時間は，提出物の点検，子どもからの回収プリントやノートの丸付け，子どもとの会話，子どもと一緒に遊ぶこと，次の授業の準備，同僚との打ち合わせ，連絡帳の確認と保護者への返事の記載，電話対応などをする。また，給食の時間は，給食の準備や後片付けの補助，子どもの食事の仕方にかかわる指導をする。場合によっては給食を早々に済ませ，提出物の確認などをすることもある。さらに，清掃時間は，子どもの掃除の仕方について適宜指導し，自身もかれらと一緒に清掃することがある。

子どもたちが下校したあとは，会議や打ち合わせ，校務分掌事務など，同僚と行わなければならない業務をする。それらを終えたあとに，個人でできる学年・学級経営にかかわる仕事（学年・学級だより作成，掲示物の作成や掲示，校外学習の準備など）や授業準備に着手する。また，前述の放課後の業務と並行して，保護者対応を適宜行う。

つまり，小学校教師の1日の勤務の特徴は，子どもの在校時間中は，自身の教室でほとんどの時間を子どもと一緒に過ごし，かれらにかかわり，その前後に職員室で会議や授業準備などを行うことである。また，仕事の特徴として，学級担任制であるため基本的にすべての教科を子どもに教えること，学習だけでなく遊び，食事や掃除に関することなど，あらゆる領域にかかわってかれらの指導を常に行うこと，かれらの人間形成や人格形成のためにかれらと親密にかかわることがあげられる。

② 中学校教師の１日

　中学校教師は出勤後に授業の準備や登校指導を行ったり，部活動の朝練指導を行ったりする。その後，職員室で教師間の打ち合わせを行う。学級担任の場合は，打ち合わせ終了後に自身の教室に向かい，朝の会をして子どもに連絡事項の伝達やかれらの健康観察などをしたり，提出物の回収を行ったりしたうえで，職員室に戻り授業準備物を取り，授業をする教室に行く。

　中学校は教科担任制であり，教師は１時間目から６時間目まで連続して授業を行うことはほとんどなく，空き時間がある。しかし，その時間は休憩時間にならず，子どもから回収した生活ノートや自学ノートの点検，校内巡回などを含めた生徒指導や進路指導にかかわる業務，次の授業の準備などを行う。また，多くの公立中学校のように給食が実施されている学校では，清掃指導とともに給食指導も行う。放課後は，部活動の顧問を担当している場合はその仕事を行い，その後は小学校教師と同様に，会議，校務分掌事務，学年・学級経営関連業務，授業準備，試験問題作成，保護者対応などの仕事を行う。

　以上のように，中学校教師の１日の勤務の特徴として，複数の学級や学年に跨って特定の教科の授業を行うこと，部活動業務が早朝と夕方にあることがあげられる。いっぽう，仕事の特徴としては，担任業務だけでなく特定教科や部活動の指導があること，専門的な教科の授業を展開することがある。また，中学校という義務教育最終段階での進路指導と，思春期の子どもたちの仲間関係や心のケアなどを中心とした生徒指導も特徴として指摘できる。

③ 高校教師の１日

　高校教師も中学校教師と同様に，出勤後に授業準備や登校指導を行ったり，部活動の朝練指導を行ったりする。その後，職員室で教師同士の打ち合わせを行い，伝達事項の確認をする。さらに，学年の打ち合わせをすることもある。担任をしている場合は自身の教室に行き，朝のホームルームを行う。そのときに，出欠確認，朝の打ち合わせなどでの伝達事項の連絡，提出物の回収などをする。

　その後，高校も教科担任制であるため，教師は自身の専門科目を複数の学級

や学年で教える。なお，6時間すべて授業をするわけではなく，空き時間がある。その時間は，プリントや試験問題の作成，教材研究などといった授業準備，校務分掌事務，子どもから回収した提出物の確認，校内の巡回指導などを行う。

　昼休みの時間帯は，職員室で持参した弁当などを食べる。また，授業内容の質問対応，子どもの呼び出しや面談，校内巡回，校務分掌事務などをする。

　午後の授業が終了すると，学級担任の場合は，再び自身の教室に行き，帰りのホームルームを行う。その後，清掃指導を行う。放課後は職員会議や学年会議，子どもの個別対応，部活動指導，補習授業，保護者対応などを行う。また，夏から冬にかけて大学受験指導や就職支援を行うことがある。前者には，一般入試受験のための個別指導，AO入試のための面接指導，志願理由書の添削などがある。また，後者については，高校に届いた求人情報をもとに，子どもに就職先を紹介などする。それらが終了したら，授業準備や事務仕事をする。

　以上の高校教師の1日の勤務の特徴は，複数の学級や学年で特定科目の授業を行うこと，部活動業務が朝夕にあることがあげられる。また，放課後の進路指導にかかわる業務に時間を費やすことも特徴的なことである。

　仕事内容の特徴としては，担任業務，特定科目の指導，部活動顧問を兼務していることや，高い専門性に裏づけられた学習指導をすることがあげられる。また，子どもの将来の進路（高等教育機関への進学や就職）に重大な影響を及ぼす進路指導と，大人になる間近の思春期の子どものトラブルや悩みに対応する生徒指導もあげられる。

　多くの人々が知っている教師の姿は，授業や部活動などで子どもとかかわっているもののみである。だが，かれらにはそのほかの仕事がたくさんある。それらは子どもに対する指導を支える周辺的な仕事なのである。

　以上のように教師は多くの仕事をしているが，それらを知っただけでは教職を理解したことにはならない。教師は子どもを指導しながら観察や評価をするというように，複数の行為をしている。また，指導という対子どもの仕事をしていながらも，同時に教師としての成長のために学んでいる。そのような教師の仕事の中身について次節で確認する。

2 　教師の仕事の特徴はなんだろうか

① 教職における再帰性，不確実性，無境界性

　教職の特徴について佐藤（1994, 32–36頁）は，再帰性，不確実性，無境界性という３つの特徴をあげている。再帰性とは再び自分自身に戻ってくる性質のことである。教師が教育実践の行き詰まりの原因を，子ども，家庭，社会という外部に責任を求めたとしても，その課題は回帰し，自分自身で問題を解決することを迫られる。なお，佐藤が指摘する再帰性には，２つのレベルで回帰した結果があることに注意する必要がある。１つはその場の対応にかかわってすぐに回帰する結果であり，もう１つは短時間では回帰しない本来の教育目標にかかわった行為の結果である。教師はこれら２つの結果を意識して実践を行っていくことが求められている。

　その一方で，再帰性は教師の成長における反省的性格を与える。多くの教師は同僚などの助言により，自身の実践を振り返り，成長していこうとする[2]。

　佐藤は不確実性について，教育の確実な理論や技術は存在しないことや，教育実践が多面的に多様な評価の対象となることを指摘している。この特徴を指摘するにあたって，佐藤が参照したローティ（Lortie, D. C.）は，こうした教職の不確実性の特徴を「風土病的」（風土病的不確実性）と表現している（Lortie, 2002, 134–161 頁）。ローティは風土病という言葉で，教職の不確実性は学校，学級，授業が構造的・文化的にかかえているものであり，それらが相互に絡みあい結びついて，特定の要因に帰属させることが困難な全体的なものであることを的確に示唆している。なお，教職の不確実性は教職がかかえるネガティブな側面として理解されがちであるが，それこそが教職の創造的性格と探究的性格の基盤となっていることも忘れてはならい（佐藤，1994, 34 頁）。教師は複雑な教育実践のなかで，そのときの状況に応じて創造的に対応したり，探究的に行為を行ったりすることが可能である。

　上述の再帰性と不確実性は，教師の職域と責任を無制限に拡大し，教職に無境界性をもたらしている。教師は子どもの問題にかかわって家庭や地域社会に踏み込み，日曜日や休日も学校や地域などに出向き，物事が完了したという実

感は儀式などでわずかにあるものの，日々教育実践だけでなく多様な行為を際限なく繰り返す。このように無境界性は教師を雑務で多忙にし，専門的力量を高めることを困難にし，かれらの専門性の空洞化をもたらす。また，物事に対する十分な検討をする余裕を奪い，教師を規則主義や慣例主義に陥らせる。無境界性は，専門性の空洞化と規則・慣例主義から教師を脱却させ，かれらが専門職として自律的に教育実践を行い，学校を専門家共同体へ移行させる必要性を提起している。

　佐藤が述べている不確実性と無境界性いう教職の特徴は，教師が新しい取り組みを次々と考えていかなくてはならない状況を意味している。それと同時に，かれらが行為しながら不断に学んでいることや学ぶことの重要性を言い当てているものである。

　また，教師の働き方について研究を行ってきた油布（2007，18-19頁）は，**複線性と並行性**という仕事のあり方の特徴を指摘している。図5.2は，ある中学

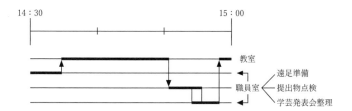

11月1日　5時限目終了後，学年会が始まるまで（2：30頃から3：00頃）
　　　　職員室
〈学芸発表会終了，遠足前〉
　H先生はプリント（遠足関係）を揃えている。職員室に生徒が入ってきて，「帰りの会を早くしたいのだけど，先生がいないと始まらない」と呼ぶ。H先生は「はい，今行きます」と出ていく。…（20分くらい不在）…掃除と帰りの会を終えてH先生が職員室に戻ってくる。机の上にはプリント（授業関係）が置かれ，H先生はそれを点検している。2時50分頃生徒二人が近づいてきて，話しかける。「（学芸発表会で使った）衣装はどうすればいいですか？」　H先生の机横の箱の中には衣装　（もんぺや防空頭巾など）が入っていた。H先生は点検していた手を休め，生徒とそれを机の上に載せ，「これは誰から借りたんだっけ」「これは洗わなくてもよさそうね」等と話しながら衣装を確かめている。生徒が「借りてきた包帯が無くなって，（この箱の中にも）見つからない」と述べると，「教室にそのままになっているんじゃないかな」と言いながら一緒に出ていった。

図5.2　5時間目終了後，学年会が始まるまで

出所：油布，2007，19頁

校で5時間目終了後から学年会（会議）が開催されるまでの30分間の教師の行動記録である。わずかな時間に教師が教室で清掃指導と帰りの会を行い，また探し物の対応をし，職員室では遠足の準備，提出物の点検，学芸発表会の整理を行っている。異なるタイプの複数の仕事を並行して断続的に行っていることがわかる。まさに，教師の一日は細切れの仕事の総体であるといえる。

② イレギュラーな業務と直面する課題からの成長

　教師が日常的に学び成長できる機会は，授業や部活動指導といった基本的な業務のなかだけではない。かれらの仕事は，子どもの怪我やトラブル，臨時会議，保護者や地域住民からの問い合わせ，相談，要望への対応など，想定される突発的なものがある。教師の1日は，日常のレギュラーな仕事と，時折入ってくる対応せざるをえない仕事の両方から成り立っている。

　そのような教師の日常は決して平坦ではない。かれらはときには子どもとの関係がうまくいかず，授業を円滑に進めることができなかったり，適切な生徒指導を行うことができなかったりして危機的状況に陥り，教師としてのアイデンティティを揺るがされることがある。そのときに教職を去ろうと考える一方で，その問題を乗り越え，自身の成長につなげていくことも可能なのである。教師の専門的知識と実践的見識に基づく省察と判断（佐藤，2021，iv頁）や，それらの変容は，私たちが教師の仕事を見ているだけでは捉えることができないものなのである。

　表5.1は，教師が学校や学級の荒れに直面した経験に関する意見である。80％以上の教師が，荒れによって教師としてのあり方を問われることがわかる。その結果，荒れは教師の心身にネガティブな影響を及ぼす。「教師としての自信を失った」者は小学校教師が60％強，中学校教師が半数弱おり，「体調を崩した」者は小・中学校教師ともに40％以上，「教師をやめようと思った」者は40％弱いる。荒れは，教師に教職を続けていくうえでの危機的状況をつくり出していることがわかる。

　しかし，その一方で，荒れは教師に成長の機会を与えてくれるものでもある。まず，「学校とは何かということを考えさせられた」者が80％前後，「教育に対

表5.1　学校や学級の荒れを経験したことに関する意見

	小学校		中学校
学校とは何かということを考えさせられた	77.6%	<	81.6%
授業力向上に熱心に取り組むようになった	82.3%	>	78.9%
教師としてのあり方を問われた	87.6%		85.8%
教育に対する考え方が変わった	72.2%		69.9%
子どもに共感的理解をするようになった	81.0%	>	76.2%
体調を崩した	46.0%	>	41.6%
子ども理解が深まった	82.9%	>	78.8%
子どもに熱心に関わるようになった	75.8%		74.4%
教師をやめようと思った	38.6%		38.4%
同僚との関係性が強まった	68.6%	<	78.5%
管理職との関係性が強まった	46.4%		45.5%
周囲に助けを求められるようになった	65.2%		63.6%
教師としての自信を失った	62.3%	>	48.3%
教師としての力量の幅が広がった	72.8%	<	78.7%

注：数値は「あてはまる」と「ある程度あてはまる」の合計。カイ二乗検定の結果5％水準で有意差
　　があった項目に不等号をつけた。
出所：日本学術振興会科学研究費補助金基盤研究（B）「ライフコース・アプローチに基づく教師の力
　　量形成に関する第2回継続調査研究」の助成を受けて，2017年に実施した公立小・中学校教師
　　を対象にした質問紙調査結果をもとに作成

する考え方が変わった」者は70％前後いることから，荒れは自らの教育観を再考させる機能があることがわかる。また，子ども理解を深めるだけでなく，かれらに共感的理解をするようになるというように，子どもに対する構え方が変化した教師たちが多数いる。さらに，授業力向上に熱心に取り組むようになったり，子どもに熱心にかかわるようになったりするというように，具体的な教育実践を熱心に行うようになっている。加えて，教師としての力量の幅が広がったという者も多い。また，周囲に助けを求められるようになった者が60％強，同僚との関係が強まった者が約70～80％，管理職との関係が強まった者が50％弱というように，荒れは同僚との関係性や教員組織のあり方を変容させるものでもあることがわかる。以上のように，教師にとっての危機的状況は自身の教師としてのあり方を問い返し，成長させるものになりうる。

3　教師はいつ学ぶのか

① 教師の労働時間

　ここでは，教師が日常的に学んだり，創造的な授業を行うために準備をしたりする時間をどのように確保していけばよいのかということを，労働時間との

表5.2　教師の労働時間

	小学校教師	中学校教師	高校教師（参考値）
１日あたりの労働時間（平日） （在校等時間＋持ち帰り時間）	11時間23分 （10時間45分＋37分）	11時間33分 （11時間１分＋32分）	10時間36分 （10時間６分＋29分）
１日あたりの労働時間（土日） （在校等時間＋持ち帰り時間）	１時間12分 （36分＋36分）	３時間７分 （２時間18分＋49分）	３時間 （２時間14分＋46分）

注：掲載時間は「教諭」（主幹教諭・指導教諭含む）のものである。
出所：文部科学省初等中等教育局（2023）「教員勤務実態調査（令和４年度）の集計（速報値）について」をもとに作成

関係で検討していこう。

　文部科学省が2022年度に実施した教員勤務実態調査の結果によると[3]，教師は学校で平日10〜11時間勤務し，帰宅後30分程度，持ち帰りの仕事をしている（表5.2参照）。また，土日は基本的に休日であるにもかかわらず，学校で小学校教師は１時間程度，中学校・高校教師は部活動に費やす時間が長く３時間程度仕事をしている。

　中学校・高校教師のうち部活動の顧問を受けもっている教師の場合は，その業務に１日あたり平日40分前後，土日は１時間から２時間程度費やす。また，中学校教師のより詳細な分析結果によると，部活動業務時間は部活動の種類に関係なく平日１日あたり40分程度である。だが，土日は運動部，吹奏楽部，合唱部の顧問は１日あたり１時間から２時間程度費やすのに対し，そのほか文化系部の担当教師はほとんど時間を費やしていない。すなわち，受けもつ部活動によって土日の過ごし方が異なっている。

　また，授業担任ありの教師の平均週教科等担任授業時数は，小学校教師24.6コマ，中学校教師18.0コマ，高校教師15.5コマであり（文部科学省，2019），学校段階が上がるにつれ授業時数は減少している[4]。平日，小学校教師はほぼすべて，中学校教師は１日３〜４コマ，高校教師は１日３コマ程度の授業を受けもっていることになる。

　夏季休業期間（文部科学省初等中等教育局，2023，23-24・40頁）では，教師たちは平日に学校でおよそ８〜９時間勤務する。また，教育政策に関する新たな情報や専門的な知識・技術などを得て，自身の力量を向上させるために，校外でのフォーマル・インフォーマルな研修を行うことがある。土日は小学校教師

の場合はほぼ出勤せず，中学校・高校教師の場合は部活動顧問の業務などで1時間程度，学校で仕事をしている。

② 超過勤務の改善に向けて何が必要か

　これまで述べてきたように，教師は超過勤務をしつつ多種多様な仕事を行っている。そのため，教師が疲弊してしまうことがある。

　静岡県内の公立小・中学校教師を対象とした調査の結果によると（紅林ほか，2019，67-77頁），小学校教師の場合，成績処理（丸付けや要録処理含む），教育委員会などからの調査や報告，生徒指導や問題行動の対応など，対応に費やせる時間が限られているうえに一定の期間内に終わらせなければならない強制力のある仕事に最も疲弊感をもっている。その次は，PTA行事への参加，不登校や欠席生徒の対応など，保護者のために行っている性格が比較的強い仕事であり，授業，課外活動，教材研究，校内研修などといったルーティン的な仕事は疲弊感をもつことが最も少なくなっている。つまり，イレギュラーな仕事に対して疲弊感が高くなっており，中学校教師も同様の傾向がある。いっぽう，中学校のほうが小学校より職務の機能分化が進んでおり，それぞれの職階に応じて担当の仕事とそうでない仕事が明確に区分されているため，中学校教師は自身の担当ではない業務に対して疲弊感が低いことも明らかになっている。機能分化が教師の疲弊感抑制に一定の効果があると考えられ，文部科学省が推進している「チームとしての学校」政策や各教育委員会が行っている業務整理は，教師の負担軽減に一定の期待がもてる。

　だが，現状の労働のあり方は時間外労働が前提となっており，機能分化政策によって，結果的に教師の労働時間が必ずしも短くなるわけではない。教師の超過勤務をなくすためには，第1節で述べた多種多様な仕事を正規の勤務時間内に終了できるようにするための抜本的な改革が必要である。たとえば以下の方策が考えられる（樋口，2020，68-71頁）。

　第一は，学校と教師が担う業務の大胆な見直しと削減である。教師の標準業務を明確にし，事務職員と業務を分担することである。たとえばイギリスの公立学校の場合，教師がしなくてもよい管理的・事務的業務が定められている。

学校のスタッフの半数以上が教師以外の専門スタッフであり，かれらが授業準備の補助などを行っている。第二は，教職員定数の改善である。たとえば公立小・中学校の場合，公立義務教育諸学校の学級編成および教職員定数の標準に関する法律（以下，義務標準法）によって，各学校の学級数に応じて教師の人数が決められている。その義務標準法を改正し，1校あたりの教師の数を増やし，個々の教師の週あたりの授業時数の担当コマ数を減らすことが重要である。第三は，部活動指導員やサポートスタッフの配置と充実である。教師が限られた時間で子どもたちの教育指導に専念できるようにするために，かれらを配置する体制を整備していく必要がある。第四は，勤務時間管理のあり方の検討と，そのための「公立の義務教育諸学校等の教育職員の給与等に関する特別措置法」（以下，給特法）の見直しである。適正な勤務時間を管理できるようにするとともに，給特法を改正することで，給料の月額の4％に相当する額を教職調整額として給与に上乗せしているあり方を，労働実態に合わせて変えていくことが求められる。これらの改革を行っていけば，教師の労働環境は改善されていくであろう。

　これまで教師の労働環境に問題が多いことが，メディアを通じて社会的に流布している。だが，労働環境の厳しさがあるにもかかわらず，教師の離職率はかなり低い。わが国の離職率は13.9％（厚生労働省，2022，6頁）であるのに対し，教師の場合は約1〜2％[5]である。低離職率の要因として，多忙のため転職を検討する余裕をもちにくいことだけでなく，公立学校の場合，解雇されにくい安定した職業であること，社会的信用があること，一般企業と比較して収入が高いこと[6]などが考えられる。

　さらに，業務内容の魅力も関係している。教師は子どもとかかわり，かれらが成長していく姿を目の当たりにして，教師としてのやりがいを実感することがある。教職に就く者たちの多くは，**精神的報酬**を大切にしている(Lortie, 2002, 134–161頁)。その報酬は，教師が仕事に従事しているなかで得られる主観的評価によって構成されている。教師は収入や名声といった外発的報酬などよりも精神的報酬を重視する傾向にあり，そのことが低離職率と関連していると考え

られる。また，日々の教育実践において，子どもたちがよりよく成長するために何が必要であるのかを考え，創造的に授業を構成・展開したり，子どもと関わったりすることができることも教職の魅力である。

　以上のように，教職は低離職率であり，労働条件や職務内容ですばらしい面がある職業であるが，労働環境が現状のままでよいはずはない。子どもたちだけでなく，日本社会や世界がよりよくなるために教育を行おうとする教師たちが，健全に働き続けられるための改革が喫緊に求められる。

　付記　本研究はJSPS科研費 JP17H02672の助成を受けたものである。

本章を振り返る問い
　将来あなたが教師になったとき，どのような働き方をしようと思っているかまとめよう。

注
1）地方自治体によっては，高学年を中心に理科，音楽，図画工作，外国語など，特定の教科で教科担任制を取り入れているところがある。なお，中学校教師が一部の教科を担当している小学校もある。また，小学校や中学校において，学年担任制を取り入れているところもある。
2）たとえば，山﨑（2023，302-308頁）は，教師が自身の力量を向上させるために他の教師から批評を受けたり，同僚などとの交流を行ったりしていることを実証的に明らかにしている。だが，近年は，職務に直接的に役立つ内容・課題・活動だけが公に認められ，教育専門職者としての力量形成の基盤構築となるような営みは私的趣味的領域のなかに追いやられ，教師の成長を生み出す場と内容が画一化・痩身化してきていると指摘している。
3）高校は小・中学校と異なり，課程や学科が複数に分かれており，教師の勤務実態がそれぞれ異なる。今回は高校教師の概要を把握する観点から限定的に調査を実施したので，本結果は参考値としている（文部科学省，2023，5頁）。
4）数値は公立学校の「教諭」（主幹教諭・指導教諭除外）の授業時数である。
5）数値は，「学校教員統計調査（令和元年度）」に記載されている公立小学校，中学校，高校の60歳未満の離職者数と，「文部科学統計要覧（令和3年版）」に記載されている公立小学校，中学校，高校の教員数から算出した。
6）国税庁が実施した調査によると，民間の正社員の年収は500万円強（国税庁長官官房企画課，2022，13頁）であるのに対し，公立小・中学校教師は約600万円強（文部科学省，2023，18頁）である。

参考・引用文献
梶田叡一・浅田匡・古川治監修／浅田匡・河村美穂編（2021）『教師の学習と成長—人間教育を実現する教育指導のために』ミネルヴァ書房
川崎市教育委員会（2019）『教職員の働き方・仕事の進め方改革の方針』川崎市教育委員

会事務局総務部教育改革推進担当，5頁

川村光（2009）「1970-80年代の学校の『荒れ』を経験した中学校教師のライフヒストリー──教師文化における権威性への注目」『教育社会学研究』第85集，東洋館出版社，5-25頁

紅林伸幸・安藤雅之・水町有里・小畠郁穂（2019）「教員組織の機能分化と多忙の実態に関する調査結果報告──静岡県公立小・中学校教員調査より」『常葉大学教職大学院研究紀要』第5号，67-77頁

厚生労働省（2022）『令和3年雇用動向調査結果の概況』6頁

国税庁長官官房企画課（2022）『令和3年分　民間給与実態統計調査──調査結果報告』13頁

樋口修資（2020）「学校における働き方改革──教員の長時間労働の解消とワーク・ライフ・バランスの実現（日本教育学会第78回大会報告　課題研究Ⅰ　教員の働き方改革と教職の専門職性）」『教育学研究』第87巻第1号，68-71頁

文部科学省（2019）「学校教員統計調査（令和元年度）」https://www.e-stat.go.jp/stat-search/files?page=1&toukei=00400003&tstat=000001016172（2023年7月15日最終閲覧，以下のURLも同様）

──（2021）「文部科学統計要覧（令和3年版）」https://www.mext.go.jp/b_menu/toukei/002/002b/1417059_00006.htm

──（2023）「『令和の日本型学校教育』を担う質の高い教師の確保のための環境整備に関する総合的な方策について」関係資料 chrome-extension://efaidnbmnnnibpcajpcglclefindmkaj/https://www.mext.go.jp/content/20230522-mext_zaimu-000029762_3.pdf

──初等中等教育局（2023）「教員勤務実態調査（令和4年度）の集計（速報値）について」https://www.mext.go.jp/content/20230428-mxt_zaimu01-000029160_2.pdf

佐藤学（1994）「教師文化の構造──教育実践研究の立場から」稲垣忠彦・久冨善之編『日本の教師文化』東京大学出版会，32-36頁

──（2021）「序：訳書解説──教師研究の最高の名著」ダン・ローティ著・佐藤学監訳『スクールティーチャー──教職の社会学的考察』学文社，iv頁

妹尾昌俊（2020）『教師崩壊──先生の数がたりない，質も危ない』PHP研究所

山﨑準二（2023）『教師と教師教育の変容と展望──結・教師のライフコース研究』創風社，302-308頁

油布佐和子（2007）「教師のストレス・教師の多忙」油布佐和子編『転換期の教師』放送大学教育振興会，18-19頁

油布佐和子編（2015）『現代日本の教師──仕事と役割』放送大学教育振興会

横浜市教育委員会（2017）『教職員の負担軽減ハンドブック2──教職員が子どもとしっかり向き合う時間の確保のために』1頁

Lortie, D. C.（2002）*Schoolteacher : A Sociological Study, Second Edition*, University of Chicago Press, pp. 61-67, pp. 134-161

1　多様性の時代に知と教育をどう捉えるか

① 知をホリスティックに捉える

　グローバル化，情報化が進むなか，1990年代から教育における「知」は，コンピテンシーという概念を用いて国際的に問い直されてきた。OECD（経済協力開発機構）は，1997年に DeSeCo プロジェクト（Definition and Selection of Competencies Project）を立ち上げ，2003年には，コンピテンシーを「ある特定の文脈における複雑な要求・課題に対し，内的リソース（知識，スキル，態度，感情，価値観・倫理，動機づけなど）の結集を通じて，うまく対応する能力」（Rychen & Salganik, 2003）と定義した。日本でも教育基本法第五条2で義務教育の目的と定められている「資質・能力」をコンピテンシーと捉えて学校教育を展開しようとしている。

　コンピテンシーは，知を**ホリスティック**に捉えようとしている概念である（Rychen & Salganik, 2003）。ホリスティックは，「ホールネス（wholeness）」と語源を共有しており，同じ全体でも，全体主義の語源で，断片的な部分の総和と捉えるトータリティとは明確に区別される（永田・曽我，2017）。知を全体的，包括的に捉える見方として多重知能理論がある。ガードナー（Gardner, H., 1999）は，記号操作の能力（①言語的知能，②論理数学的知能）を知能と捉える見方に対して，芸術（③音楽的知能，④身体運動的知能，⑤絵画空間的知能）や人格（⑥対人的知能，⑦内省的知能）に拡張して捉え，7つの知能を提案した。また，「知のモジュール説」に基づき，この多様な知は，多様な能力が多様なままに相互につながりながら1つの心として結び合わされると考える（「多 即 一」の世界である）。ホリスティックな知の捉え方は学校教育で学ぶ知識（学校知）の問い直しに通じる。学校知は基本的に，個別の経験や状況と切り離され，いつ・どこで・どんな状況でも同じ答えになる一般化された知がほとんどである（状況独立的で普遍的な知）。また，生徒は，一般的な知を，学習指導要領に基づく明

確なカリキュラムのもとで，教科や単元に細分化された個別の要素として，基礎から応用へと系統立てて学んでゆく（要素還元的知識）。対してホリスティックな知としてのコンピテンシーは，状況から切り離して個別に育てられる能力ではなく，その状況における最適解を導こうとするなかで多様な能力が結びつけられて立ち現れてくる状況依存的知である。

② 適応と創造の教育─未来予測が困難な時代に

　ホリスティックには，質的に新たな変容を生み出す全体性という意味も含まれる（永田・曽我，2017）。OECDでは，2015年からEducation 2030プロジェクトを進め，2030年に望まれる社会を実現する知として，「学びの中核的な基盤（知識，スキル，態度・価値）」をもとに「より良い未来の創造に向けて変容を生み出すコンピテンシー（Transformative competency）」を掲げた（OECD, 2019a）。現行学習指導要領でも，「予測が困難な時代」に，「一人一人が持続可能な社会の担い手として，その多様性を原動力とし，質的な豊かさを伴った個人と社会の成長につながる新たな価値を生み出していくことが期待される」と書かれている（文科省，2017a，傍点は筆者）。ユネスコ（UNESCO, 2016）も，生涯学習の4本柱[1]に5本目として自己と社会が変容する学び（Learning to transform oneself and society）を加えた。

　これらの提言は，OECDのDeSeCoプロジェクトやTALIS（Teaching and Learning International Survey；国際教員指導環境調査）（OECD, 2019b），日本のこれまでの学習指導要領の改訂とは決定的に異なっている。これまでは，時代認識から未来の変化を予測し，子どもや教師に育てたい力を決め，社会の変化に適応するように子どもを教育し，そのための教育の変化に適応できるように教師を研修するという発想であった。しかし，急速かつ構造的に社会が変化するなか，未来予測は困難で，専門家でも未来像から必要となる力を明確に提案することはむずかしいという。その限界を認め，大人たちが想定する現代社会に適応するための資質・能力の育成ではなく，未来へ向けて知識そのものを創り出す存在へと子どもを導くことを教師に期待している。

　「社会適応」「価値継承」のための教育から，「社会創造」「価値生成」のため

の教育へという発想の転換は，学習観にも表れている。「学習は，教師と生徒が，多様な人と共に協働して創っていく過程（co-construction）」（OECD, 2019c）だという。私たち1人ひとり，そして社会全体が，社会の持続可能性に向けて，答えのない問いにどう立ち向かうのかが問われる時代に，子どもも大人も，未来の社会にふさわしい変化をつくり出していく存在（エージェント）であり，生徒と教師はともに学習に能動的な役割を果たす共同エージェンシー（Co-agency）となることが期待されている（OECD, 2019d）。

2　学習の多様性とは

① 学習の3つの形式と結びつき

　知識を協働で獲得，創造してゆく学習とはどのような営みだろうか。心理学で学習は「経験にもとづく比較的持続的な変化」を中心問題としている。どのような変化に着目するかによって，学習は大きく3つの形式で捉えることができる。個人個人の外的行動，認知構造，自己の変化という3つである[2]。

　まず，個人個人の外的行動の変化を学習と捉えるのは行動主義の心理学である。この学習は，教科書を読んだり，教師の説明を聞いたり，教師の動きを観察したことを何度も繰り返して記憶に蓄積することで進められる。この立場は，知識や技能は，変化していくものではなく，すでに確定されたものとして捉えられ，伝達される内容を学習者が吟味したり，批判的に分析したりする機会はほとんどない。

　つぎに，学習を認知構造の変化と捉えることもできる。この学習は，問題解決や知的探究を中心とするものであり，学習形態としては一方通行ではなく教師と学習者のあいだの対話や学習者間の協同作業など，双方向からなる相互作用を含む。この立場は，哲学ではデューイ（Dewey, j.），心理学ではピアジェ（Piaget, J.）などの認知心理学（構成主義），ヴィゴツキー（Vygotsky, L.）などの社会的構成主義が相当する。いずれも，子どもの活動的な経験を重視し，知識は構造的で生成変化しうるものとなり，実際の問題に適用されて役立てられる。しかし，ここでは，主に認知レベルの相互作用が重視されている。

そして，社会変容，自己変容にかかわる学習である。ここでの学習者は知識を伝達されるだけの受動的存在ではなく，思考力や学習能力といった認知面が強調される問題解決者でもなく，多元的な人間存在全体が学習に組み込まれる。心理学ではユング（Jung, C. G.）やマズロー（Maslow, A.）などのトランスパーソナル心理学や，ガードナーの多重知能理論，教育学ではシュタイナー教育やノディングス（Noddings, N.）のケアリング論などが近い。

　3つの形式を包摂する学習を考える手がかりとして，**正統的周辺参加の学習論**（Lave & Wenger, 1991）を取り上げよう。レイヴとウェンガーは，産婆や仕立屋などの徒弟的な学びに注目した。たとえば仕立屋の徒弟は，はじめは使い走りやメッセージの配達，アイロンがけの仕方などを学ぶ。これは，部分的でささいな仕事にみえるが，仕事の全体を知り，完成品に触れることができる。徒弟は，その後，経験を積むにつれて，作業工程を逆向きにたどってボタンつけや縫製などを学び，裁断作業に至る。人は，正統的な実践に周辺から参加してゆくなかで，作業に必要な知識や技術を習得しながら，実践への参加の仕方を学び，共同体の成員としてのアイデンティティを形成してゆく。

　実践という文脈のなかで，師匠・先輩から徒弟・後輩へと伝授される技術は，条件づけによる練習・訓練にとどまらず，実践の「型」や「わざ」の習得をもたらす（生田, 2011）。また，実践を知るために読んだ本や，師匠や先輩との対話が，自己の信念や価値観の変容へと誘うこともある。学びの体験を広く社会や文化的実践とのかかわりから読み解いてゆくと，伝達であれ相互作用的であれ，学習の形式はどれも，それが自己にふれるものであれば変容の作用をもつ。逆に参加も，単に「方式（やり方）」の習得と捉えると，条件づけの学習（個体学習）にとどまるだろう。

② ヒトらしい学習の仕組み

　正統的周辺的参加の学習にもみられるように，人は，徒弟から一人前になってゆく過程のなかで，きわめて高度な文化を継承する。知識や技術は，個人から個人への継承にとどまらず，そのなかでよいものを選択したり改善したりして伝播することで文化になる。さらにその文化は継承され次の新しい文化が生

み出される。これを**累進的な文化進化**と呼ぶ(Tomasello, M.／大堀ほか訳, 2006)。累進的な文化進化の証拠は，霊長類動物のなかでもヒトでしか報告されていない。遺伝子の約99％を共有するチンパンジーとヒトでは，文化の様式，なかでも教育や学習の様式に違いがあると考えられる（山本，2011）。

　まず，ヒトは**教える**が，チンパンジーは積極的に教えることはない。たとえばチンパンジーは，子どもが木の実を石でたたき割って食べるなどの道具使用を学ぶとき，子どもが自分や他個体の行動を間近で見て学ぶことには寛容だが，子どもの手を取って教えることは一切ない。

　また，「見て学ぶ」というとき，ヒトとチンパンジーでは，見方が異なる。チンパンジーは**模倣**が苦手である。実験の結果，チンパンジーは，ヒトがモデルとなって提示した行為を訓練なしに見ただけで再現することはほとんどなかった。例をあげると，「机を－たたく（一つの物を身体が操作する）」行為は，「ホースで－机を－たたく（１つの物を別の物へ操作する）」行為に比べて，チンパンジーでは再現がむずかしかった（Myowa-Yamakoshi & Matsuzawa, 1999）。それに対して，ヒトの赤ちゃんは，「机を－たたく」といった他者の行為を模倣するし，卓越した社会的知性もみせる。たとえば，ある目的に向けた行為を行っている他者が，誤って目的達成に失敗したとする（容器にある物を入れようとしたが入らないなど）。それを見ていた生後18カ月の赤ちゃんは，自らは行為の目的を達成する形で行為を再現する（Meltzoff, 1995）。ヒトは他人が自分とは違う知識や信念や意図をもっていることを理解している。このような能力を「**心の理論** (theory of mind)」(Premack & Woodruff, 1978) と呼ぶが，ヒトでみられる「心の理論」をチンパンジーがもっているという明確な証拠は得られていない。

　教え＝学ぶこと，模倣，他者の意図の理解の発達基盤として注目されるのが，「**三項関係**」のコミュニケーションである。ヒトは，視線や指差しを用いながら外界の物に対して他者と注意を共有することができる。このように，自分・他者・物という三者が深くかかわり合いながら社会的な相互交渉を進めていく三項関係は，言語獲得の場ともなる。授業も，子どもと教師と学習材という三

項関係で営まれる。だがチンパンジーでは三項関係はみられない。チンパンジーは「１つの物を身体が操作する」動きの模倣が苦手だというのも，チンパンジーが，他者が操作する物の動きのみに注目し（自分と物の二項関係），他者の身体の動きも含めてモノとコトを共有する三項関係のコミュニケーションがむずかしいためだと考えられている（Myowa-Yamakoshi & Matsuzawa, 1999）。

　知識や技術を個人から個人へ，さらに文化として伝播／継承して生成することには，「心の理論」をもつヒトがみせる協力や利他性がかかわっていると考えられている。「心の理論」をもたないと考えられるチンパンジーも，ヒトと同様，相手に要求されれば利他行動をみせる（たとえば，自分の手に届くところに相手に必要な道具があった場合，相手が求めたら，その道具を渡してあげる）。ただし，相手の状況を理解していても，相手から要求がないときに自発的に助けることは少ない。それに対してヒトは，相手の困っている状況を理解すると，頼まれていなくても助ける利他性が発現する。ヒトとチンパンジーの社会では，助け合いの質が異なるといえる。この違いには，自分と相手，さらに別の他者という三者の三項関係がかかわっていると考えられる。ヒトの社会では，相手に対して利他的に振る舞うと，自分と相手以外の第三者がよい評判を立てて，その後，周りの人によくしてもらえる（間接互恵性）。しかし，三項関係の理解を不得手としているチンパンジーにとって，自分と相手，さらに別の他者という三者の関係をもとに協力関係を成立させることはむずかしいと考えられるのだ（山本，2011）。

　人は，三項関係のなかで，ときに他者に教えられながら，モノやコト（文化的な産物や実践）の意図や視点—それは何のためなのか，道具や記号の使用者である私たち（３人以上からなる集団）がそれによって何をするのか—を理解しながら，道具の使用や実践を模倣する。この経験は，これまで蓄積されてきた知識や技術を，その意図や視点とともに，集団の一員として，次世代に忠実に伝える（教える）ことを可能にする。そのなかで，先人たちの意図と自分の関心はどこが違うのかにも気づくようになり，継承された知識や技術の修正を重ねるなかで，新しい産物や実践が創り出され，それが次の世代に継承され検

証されるという連鎖のなかで，ヒトは高度な文化を成立させてきた。

　教授＝学習，模倣，協力を成立させる社会的知性を司るニューロン（神経細胞）として，ミラーニューロンとメンタライジングがある（嶋田，2014）。他者の行為を見ているだけで，自分自身の脳のなかでその行為を自分が行っているかのように反応させるのがミラーニューロンの働きである（Rizzolatti & Sinigaglia, 2009）。サルのミラーニューロンは，目的が明確で，手や口で操作する行為でのみ活動がみられるが，ヒトのミラーニューロンは，行為に加えて，身振りや表情などに対しても活動がみられ，他者の心の状態を理解して共感する反応（情動的共感）にも関係すると考えられる（ラマチャンドラン・オバーマン，2007）。また，ヒトは進化の過程で，高度なメンタライジングを獲得した。それによりヒトは，自他を切り離して，相手の立場に立って考え，どのような状況で何をしてあげたらよいかを推論できる（認知的共感，「心の理論」）。ヒトは，自分と他者を重ねる／切り離すという二重の共感によって，自分は理解しているけれど，わからず困っている人を見たら共感し，自発的に教えたりモデルを示したりする。あるいは，困っている人に情動的に共感しながらも，相手の立場に立って，あえて教えないこともある。さらにヒトは，見えない他者や社会，未来のために貢献しようともする。

　ヒトは，社会的な場のなかで，他者とモノやコトを共有しながら，他者や世界に共感し，協力し，教え合い，助け合うなかで学習してゆく。ヒトの学習は，二項関係を基盤とするチンパンジーの学習に比べて，多様で複雑になる。教師と生徒の関係から捉えると，教師は，生徒に文化的実践や学問世界と出会わせ，ときに直接教授し，モデルを示して観察・模倣させたり，学習者の活動にフィードバックを出したり，足場をつくって生徒が自分でできるように援助したり，実践共同体への参加やプロジェクトの機会をつくり，学習者自身で動き出したら手を引いてゆくなど，さまざまなかかわりが考えられる（図6.1）。教師は，直接教授を行うだけではなく，子どもの状況に即して教育の目的や内容を考えながら，学習環境をデザインする役割を担うことになる。

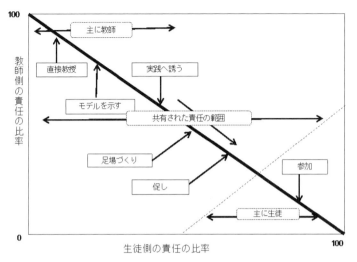

図6.1 教師の役割と生徒への責任の漸次的委譲

出所：秋田，2012，21頁（Duke & Pearson, 2002）

3 学習環境をどのようにデザインするか

① 学習意欲

ここまでは，人が知識や技能を身につけて文化的な実践に参加していく学習の社会的側面をみてきた。つぎに，自己の観点も含めて学習を捉えて教育環境をデザインする教師の仕事について考えていこう。

日本を含め，PISA 調査で高学力とされる国の生徒の学習意欲（教科への興味）は高くない（小松・ラプリー，2021，110–112頁）。2018年の PISA 調査結果をみると，日本の生徒は失敗に対するおそれ（不安）を感じている割合が高い（OECD, 2019d）。日本では，77％の生徒は自分が失敗しそうなとき，ほかの人が自分のことをどう思うかが気になるという見解に「その通りだ」「まったくその通りだ」と回答した（OECD 加盟国平均：56％）。学習主体の生徒と学習材と他者との三項関係において，学習意欲には，生徒と学習材との関係（興味）だけでなく，他者も影響している。

② 心理的安全性と探究

生徒の失敗に対するおそれの背景には他者からの評価のまなざしがある。他

者の評価は，前述のとおり，利他行動や協力にもかかわると考えられるが，他方で，失敗という不完全さや間違いに対しては，他者から否定的に評価されたりすることなく，寛容さをもって受け止められる「**心理的安全性**」が確保された環境（Edmondson, 1999）が学習行動を支えると考えられる。

　室田明美の小学 1 年の実践を紹介しよう（室田，1998a，b）。教室には「教室はまちがうところ，それをなおすのも教室」とテキスタイルで描かれた額が飾られている。室田は年度初めに，順番に子ども 1 人ひとりと給食を食べながら話を聴き，その内容を「終わりの会」や学級通信で紹介し，子どもを仲間や保護者とつないでゆく。ときには，教科の授業で生じた問題から話し合いを行い「学びのルール」をつくる。子どもたちが安心して学べる環境づくりがなされている。

　子どもの話を聴くことは，クラスで探究する学習材選びにつながる。室田は，教師をオーケストラの指揮者にたとえ，個性的なメロディーを奏でる子どもたちに適した楽曲を選ぶように学習材を選び，学びを構想してゆくという。室田は子どもの興味・関心に加え，背後にある学問や文化，探究方法の理解をふまえて「未来につながる学習材」であるかも吟味して学習材を選ぶ。その学習材を子どもたちが探究するなかで問いが生まれ，学習を深めてゆく。ある年は，学校の近くにある里山をフィールドにした総合学習が始まった。子どもたちは，「湧き水」をきっかけとして「いのちのつながり」に気づいていく。その過程で，市が妙音沢の公園整備計画を打ち出したことを知った子どもたちは，市長へ陳情書を提出し，市は計画を保留した。子どもたちとともに創る学習は社会変容の契機ともなった。

　中学生になると，生徒同士で対話をし，安心できる関係を築き，学習テーマを見極めて探究してゆくことができるだろう（たとえば，かえつ有明中・高等学校の実践がある）。

③ 深い学びと自己変容

　利他行動や失敗に対するおそれにみるように，人が社会的な場面で活動するとき，他者との関係のなかでしか成り立たない「私」が問われる。失敗は，今

の自分を乗り越えようとする発達や変容の只中に身を晒していることの顕れでもある。生徒の学習場面での失敗へのおそれは，自己の変容にかかわっているといえる。

　古くから哲学や心理学では，人間には2つの自己があるといわれてきた。1つは〈自我（エゴ）〉で，社会的な自己像を表している。ここには，家庭人（父母，娘や息子），生徒や学生，職業人など，私たちが社会生活で演じている役割がすべて含まれる。学校で考えると，子どもは，教師との関係のなかで生徒という役割を演じており，学校という実践共同体への参加を通して，生徒というアイデンティティを形成してゆくことが一人前になることだとみることもできる。だが，こうした〈自我〉を越えたところに〈自己（セルフ）〉がある。学校教育は，子どもを社会化させる点で既存の価値体系への適応に向かわせる〈自我〉の実現に向かう側面が強い。だが，自己実現という観点も含め，〈自我〉と〈自己〉を対立させるのではなく，つなぐ次元を探ってゆくことことは，「**深い学び**」に通じる。総合的な学習の時間の学習指導要領の解説では，「深い学びの鍵として『見方・考え方』を働かせることが重要になる」とされ，その「見方・考え方」とは，「どのような視点で物事を捉え，どのような考え方で思考していくのか」であると記されている（文科省，2017b）。「見方・考え方」を働かせる思考は，暗黙の前提としている既存の見方・考え方を意識的に捉え返すことでもある。「見方・考え方」に気づくことで，既存の見方・考え方の自明性がゆさぶられ，世界が違って見えるような新しい気づきに誘われる。新しい気づきは，自己の変容にも通じる。世界の見方，自己の捉え方が変わってゆくと感じられる子どもの言葉や姿を紹介しよう。

■棚田を借り受け，苗づくりから籾すりまですべて手仕事による米づくりに，小学5年の1年目は共同で，6年の2年目は個別で取り組んだ。その6年生の最後の稲刈りの日。実った稲を刈り上げて，畦に座り込んで，辺りを見渡しながら，昭太郎くんは「小田切ってさあ，こんなにきれいだったっけ」と言った。米づくりの一切を終えて，美恵さんは，「……私は，いままで『稲を育てる』なんて言ってきたけど，いまは『よく育ってくれたなあ』っていう気持ち。……私がやってきたことは，稲が実りやすいように少し手助けをしただけじゃないかと思う。で

も，私が手助けのつもりでやったことも，稲にとっては本当はどうだったのかな
あって思う。…」と語った。(牛山，2001，242-243頁)
■自閉症で，重度の知的障害を併せ持つ自閉症と診断された男の子は，愛育養護
学校に通った。卒業前はパニックで自傷行為もみられたが，卒業の日，彼は堂々
と生きる姿を示した。彼は，最後まで校内に残り，木で組んだ校庭の高台に一人
で登った。妹に促されても降りず，校舎や，下で待つ先生たちを眺め，しばらく
宙を見た後，何か吹っ切れて意を決したかのように，自らけじめをつけるかのよ
うに降りてきた。(津守，2005)
■暴力と校舎破壊などの「荒れ」の克服という課題を抱える中学校で，長崎への
修学旅行を結節点と位置づけて，各教科でも平和をテーマにした授業を盛り込む
平和学習が進んだ。被爆の語り部に伝えたい気持ちが共有されていくにつれ，音
楽の授業で生徒らは声を出して歌うようになり，歌声が変わり，音楽教師だけで
なく，学年の教師集団と生徒たち自身を驚かせたという。(福井，2008)

　このような〈自己〉は，子どもが夢中になって遊ぶとき，自然に浸るとき，
音楽，演劇，スポーツなど何かに没頭しているときなど，事物や世界に溶け合
い，相互浸透しているときに現れてくる（矢野，2006，115-120頁）。それは，
他者であれ動物であれ現象であれ，対象との積極的な意識的かかわりを経て，
対象や場のなかに入り込み，共感的理解が生まれ，自我が消えるときでもある。
ユングは，人間を木に喩え，地上に生える幹を〈自我〉，地下に根深く根ざし
てゆく根っこを〈自己〉と捉えた（小木曽，2020）。〈自我〉（木の幹）は自分と
他者が別々に見えるが，〈自己〉は根っこのように，他者やいのちあるものと
深くつながっている。その境地に浸る子どもや，その境地に気づいた子どもの
内から生まれる言葉や姿に学びをみる感性をもって，学びをデザインすること
も教師には大切になるだろう。

　認知的な概念変容にとどまらず，自己変容をも含む「深い学び」を体験する
ことは容易ではない。OECD（2019a）は，「見通しをもって行動し振り返る
（AAR；Anticipation, Action, Reflection）」問題解決過程を通して，「変容を生み
出すコンピンテシー」が育成されると考えている。だが，未来予測が困難で答
えのない状況に直面したとき，自分に深くかかわる問題に取り組むとき，本質
的な問題は明らかではないことが多い。問題を見つける過程（questioning）も
重要で，その過程では，不確実さのなかで信じられる答えが出ない宙吊り状態

に耐え，「できないかもしれない」という弱さを受け止める**ネガティブ・ケイパビリティ**も重要となる。それを保持し，対象とかかわりつづけるなかで，対象への共感が生じ（箒木，2017，27頁），実践への十全的な参加が生まれ，自己に出会う「深い学び」が生まれる可能性がある。

　TIMSSやPISAにみる国際学力調査の結果や授業研究の歴史など，日本の教師・教育への国際的評価は高い（小松・ラプリー，2021）。それだけではなく，日本では明治以来，総合学習の実践も継承，創造されてきた。総合学習は，コンピテンシーベースのホリスティックな学習に通じる。今日の伊那小学校やきのくに子どもの村学園の実践をみると，現在の日本の学校教育制度においても，教師や学校の裁量は大きい。教師は，この子どもたちと／この学校で／何のために／何を／どのように学ぶのか＝教えるのかを考え実践してゆく主体であり，先人の実践を継承しながら，同僚と，できれば保護者や地域の人も含めて，ともに実践を紡いでいく，教育という文化的実践の主体になることが期待されている。

本章を振り返る問い
　「生徒への責任の委譲」の図を参考に，自身の経験を振り返り，学校やクラブ活動，習い事などで，誰か／何かの影響で文化や学問世界に関心をもった経験，直接手本を見せてもらったり，足場をつくってもらったりしながら，自分（たち）でできるようになっていった事柄はないか，思い出してみよう。そして，その内容を周りの人と共有してみよう。

注
1）Learning to know, Learning to do, Learning to collaborate, Learning to be という四本柱は，Learning how to know, Learning how to do のように，「方法（やり方）の学び」ではなく，ある種の行為が生起してしまう「状態の学び」を表している点でコンピテンシーの知の捉え方と共通している。
2）学習の3つの形式については，中川（2020）を参照した。

参考・引用文献
秋田喜代美（2012）『学びの心理学―授業をデザインする』〈放送大学叢書〉左右社，21頁
生田久美子（2011）「『わざ』の伝承は何を目指すのか―Task か Achievement か」生田久美子・北村勝朗編『わざ言語―感覚の共有を通しての「学び」へ』慶応義塾大学出版会，3-31頁
牛山榮世（2001）「総合学習における体験と学び」稲垣理彦編『学校づくりと総合学習―

校長の記録』〈子どもたちと創る総合学習Ⅲ〉評論社，212-252頁

小木曽由佳（2020）「発達の先には何があるか？―人生の午後と自己実現をめぐって」竹尾和子・井藤元編『ワークで学ぶ―発達と教育の心理学』ナカニシヤ出版，201-214頁

小松光＆ジェルミー・ラプリー（2021）『日本の教育はダメじゃない―国際比較データで問いなおす』筑摩書房

嶋田総太郎（2014）「共感・他者理解におけるミラーシステムと情動・報酬系の活動変化」『心理学評論』57（1），155-168頁

津守眞・岩﨑禎子（2005）『学びとケアで育つ―愛育養護学校の子ども・教師・親』小学館

中川吉晴（2020）『ホリスティック教育講義』出版館・ブッククラブ

永田佳之・曽我幸代（2017）『新たな時代のESD―サスティナブルな学校をつくろう』明石書店

箒木蓬生（2017）『ネガティブ・ケイパビリティ―答えの出ない事態に耐える力』朝日新聞出版，27頁

福井雅英（2008）「特別活動と教師の共同性」折出健二編『特別活動』〈教師教育テキストシリーズ〉学文社，144-152頁

室田明美（1998a）『子どもの心を開く教室』日本児童教育振興財団教育ビデオライブラリー21，小学館

――（1998b）「子どもから学ぶ―子どもの学びに立ち会うなかで」佐伯胖・黒崎勲・佐藤学・田中孝彦・浜田寿美男・藤田英典編『授業と学習の転換』〈岩波講座　現代の教育　第3巻〉岩波書店，269-283頁

文部科学省（2017a）「中学校学習指導要領（平成29年告示）総則編解説」

――（2017b）「中学校学習指導要領（平成29年告示）総合的な学習の時間解説」

矢野智司（2006）『意味が躍動する生とは何か―遊ぶ子どもの人間学』世織書房

山本真也（2011）「チンパンジーとヒトの共通点・相違点―　社会的知性を中心に」『人文學報』100，145-160頁

ラマチャンドラン，V. S. ＆ オバーマン，L. M.（2007）「自閉症の原因に迫る」『日経サイエンス』37（2），28-36頁

Duke, N. K., & Pearson, P. D. (2002) Effective practices for developing reading comprehension. In A. E. Farstrup & S. J. Samuels (Eds.), *What research has to say about reading instruction* (3rd ed., pp. 205–242).

Edmondson, A. (1999). Psychological safety and learning behavior in work teams. *Administrative science quarterly*, 44, 350–383.

Gardner, H. (1999) *Intelligence reframed : Multiple intelligences for the 21st century*. New York : Basic Books.（松村暢隆訳（2001）『MI : 個性を生かす多重知能理論』新曜社）

Lave, J., & Wenger, E. (1991) *Situated learning : Legitimate peripheral participation*. Cambridge, UK : Cambridge University Press.（佐伯　胖訳（1993）『状況に埋め込まれた学習―正統的周辺参加』産業図書）

Meltzoff, A. N. (1995) Understanding the intentions of others : Re-enactment of intended acts by 18-month-old children. *Developmental Psychology*, 31（5），833–850.

Myowa-Yamakoshi, M., & Matsuzawa, T. (1999) Factors influencing imitation of manipulatory actions in chimpanzees (Pan troglodytes) *Journal of Comparative Psychology*, 113（2），128–136

OECD (2019a) OECD Future of Education and Skills 2030 Conceptual learning framework Concept note : OECD Learning Compass 2030.

—— (2019b) A Flying Start : Improving Initial Teacher Preparation Systems, OECD Publishing, Paris.

——(2019c) OECD Future of Education and Skills 2030 Conceptual learning framework Concept note : Student Agency for 2030

—— (2019d) Programme for international student assessment (PISA) result from PISA 2018 country note Japan（翻訳）

Premack, D. & Woodruff, G. (1978) Does the chimpanzee have a theory of mind. *The Behavior a l and Brain Sciences*, 4, 515-526

Rizzolatti, G. & Sinigaglia, C.（*2009*）*So quel che fai : Il cervello che agisce e i neuroni specchio*. Cortina Raffaello（茂木健一郎監訳／柴田裕之訳（2009）『ミラーニューロン』紀伊國屋書店）

Rychen, D. S. & Salganik, L. H.（2003）*Key competencies : For a successful life and a well -functioning society*. Hogrefe & Huber. D. S.（立田慶裕監訳（2006）『キー・コンピテンシー——国際標準の学力をめざして』明石書店）

Tomasello, M.（1999）*The cultural origins of human cognition*. Cambridge, MA : Harvard University Press.（大堀壽夫・中澤恒子・西村義樹・本多啓訳（2006）『心とことばの起源を探る』勁草書房）

UNESCO（2016）Schools in action, global citizens for sustainable development : a guide for teachers.

① 生徒指導も大切な業務の１つ

生徒指導[1)]は，教師の仕事のなかでも**教科指導**（国語，社会，数学，理科などの教科に関する指導）とならんで重要な業務の１つである。教科指導を円滑に進め，児童生徒の人間的な成長を促すためにも，生徒指導が果たす役割は大きい。生徒指導とは具体的にどのような指導で，どういった考えに基づいて制度設計されているのかをみていこう。

生徒指導とは具体的にどのような指導なのか，ここでは文部科学省が実施した「**教員勤務実態調査**」を手がかりにしたい。小・中・高の教師の勤務実態を調べる目的で2022（令和４）年に行われた調査で，調査項目の１つに業務内容別勤務時間がある。７日間にわたり，出勤から退勤までどのような業務をしたかを30分刻みで記録するというものだ。そこでは，生徒指導を表7.1のように定義していた。

表7.1　業務記録の分類における生徒指導の定義

生徒指導（集団１）	正規の授業時間以外に行われる次のような指導： 給食・栄養指導，清掃指導，登下校指導・安全指導，遊び指導（児童生徒とのふれ合いの時間），児童生徒の休み時間における指導
生徒指導（集団２）	正規の授業時間以外に行われる次のような指導： 生活指導，健康・保健指導（健康診断，身体測定，けが・病気の対応を含む），全校集会，避難訓練など上記以外の指導
生徒指導（個別）	個別の面談，進路指導・相談，生活相談，カウンセリング，課題を抱えた児童生徒の支援など

出所：文部科学省初等中等教育局（2023）「教員勤務実態調査（令和４年度）の集計（速報値）について」

ここから，生徒指導の具体的な指導内容を垣間見ることができる。まず，集団と個別という区分が生徒指導には存在することがわかる。集団としての児童生徒に対して行われる指導と，個別児童生徒に対して行われる指導とは区別されるということだ。また，集団に対して行う生徒指導は「正規の授業時間以外

に行われる」ものが中心だということもわかる。たしかに，給食や清掃，登下校指導，全校集会や避難訓練などは，正規の授業時間以外に行われるものだ。

　ひとまず，これらを生徒指導の具体的な指導内容として理解しておこう。そのうえで，教師はどのくらいの時間を生徒指導に割いているのかを確認する。表7.2は，平日の在校等時間（以下，勤務時間）についての集計結果である。比較のために，授業や部活動指導に関する時間も示した。小・中はおよそ11時間，高等学校はおよそ10時間の勤務時間で，そのうち教科指導に相当する授業や授業準備に多くの時間を割いているのは当然のこととして，生徒指導にも多くの時間を割いていることがわかる。生徒指導（集団1），生徒指導（集団2），生徒指導（個別）の時間を合計すると，小学校では約1時間，中学校では約1時間10分，高等学校では30分強となる。

表7.2　業務内容別在校等時間（平日）

		小学校	中学校	高等学校
総　計（時間：分）		10：45	11：01	10：06
児童生徒の指導にかかわる業務	授業（主担当）	4：13	3：16	2：54
	授業準備	1：16	1：23	2：04
	生徒指導（集団1）	0：56	0：49	0：11
	生徒指導（集団2）	0：02	0：05	0：03
	生徒指導（個別）	0：04	0：14	0：20
	部活動・クラブ活動	0：03	0：37	0：40
	学年・学級経営	0：19	0：27	0：15

出所：文部科学省初等中等教育局（2023）「教員勤務実態調査（令和4年度）の集計（速報値）について」

②　生徒指導が行われる背景

　生徒指導に対して教師が多くの時間を割くのには，もちろん理由がある。法令上の観点からいうと，**学習指導要領**に生徒指導に関する定めがある。総則[2]には生徒指導の充実に関する定めがあって，「学習指導と関連付けながら，生徒指導の充実を図ること」とされている。また，**特別活動**[3]にも定めがあり，**学級（ホームルーム）経営**を充実させるにあたり「いじめの未然防止等を含めた生徒指導との関連を図る」こととされている。このように，学校教育では教科指導だけではなく生徒指導も同時に行うことが，法令上も想定されている[4]。

　また，制度的な観点からいうと，日本の学校教育では**学級（ホームルーム）**

が教育活動における基礎的な単位となっていることとも大きく関係している。学級は，教科指導が行われる際に児童生徒が一緒になって学習するひとまとまりの集団であるのと同時に，児童生徒が朝登校して夕方下校するまで一緒に学校生活を過ごすひとまとまりの集団でもあるという性格をもつ。生活が円滑にかつ教育上有意義なものとなるように，教師は担任を中心として児童生徒へ積極的な働きかけを行う必要があって，この働きかけがまさに生徒指導ということになる。

　生活に着目して児童生徒に対し指導を行うという発想は，日本においては比較的長い歴史を有する。今から100年ほど前の1910〜20年代に展開された**大正新教育運動**とそれに続く**生活綴方運動**を源流とし，戦後は教科以外の指導が「特別教育活動」を経て現在の特別活動へと整理されていくなかで，綿々と受け継がれてきた（山崎，2015，52-56頁）。学校教育におけるこうした伝統が，生徒指導が行われる背景の１つになっていることも見逃せない。

③ 生徒指導と教科指導は相補的関係

　生徒指導は，ここまで述べてきたように，教科指導とは指導場面や内容が異なる。しかし，両者は無関係だということはまったくなくて，むしろ相補的関係にある。この点を次に説明しよう。

　一例として，児童生徒がお互い発表しあう授業を思い浮かべてほしい。生徒指導が行き届いておらず学級（ホームルーム）内の人間関係が良好ではなかった場合に，児童生徒は思ったことや考えたことを安心して発表できるだろうか。間違ったことを言ったら笑われてしまうかもしれないなどという不安があったら，児童生徒は発言することに消極的になるだろう。そういう状況では，お互い発表しあう授業を成立させることはきわめてむずかしい。これは，生徒指導が教科指導を成立させるうえで不可欠だという例である。

　他方で，わかりにくい授業を思い浮かべてほしい。授業準備に時間をかけることができず**教材研究**も不十分で，結果として伝えたいことが伝わらないような授業のことである。教師の言っていることが理解できないというのは，児童生徒にとっては相当な苦痛である。学習内容が身につかないということが１回

でも起きてしまうと，**系統的な学習**が求められる教科ほどその後の挽回がむずかしくなり，成績低下につながりかねない。授業から気持ちが離れる児童生徒が増え，学級（ホームルーム）が落ち着かなくなり，場合によっては問題行動の発生へと至る可能性もある。これは，教科指導が生徒指導にも影響を及ぼすという例である。

　これら2つの例からわかるのは，生徒指導が機能するためには教科指導が機能していることが必要であり，逆もまた必要だということだ。生徒指導も教科指導もどちらも良好に行われることではじめて学校教育は十分に機能しうるわけで，まさに両者は相補的関係にある。

2　社会で生き抜く力を身につけさせるために教師が行う指導とは

① 生徒指導の目的と自己指導能力

　文部科学省が生徒指導の基本書として位置づけている「**生徒指導提要（改訂版）**」（以下，生徒指導提要）には，生徒指導の定義（12頁）と目的（13頁）が示されている。とくに大事なのは，生徒指導はあくまで支援であり，児童生徒が**自己実現**を果たすことを目的として位置づけている点である。過去を振り返れば，支援とは呼べない生徒指導が行われてきたという経緯[5]が残念ながら存在する。日本も批准している**児童の権利に関する条約（子どもの権利条約）**や2022年に成立した**こども基本法**の精神に照らして，それらにふさわしい生徒指導がこれからの時代には求められていることを改めて確認する必要がある。

　生徒指導の目的を達成するために，児童生徒は**自己指導能力**を獲得する必要があるといわれている。自己指導能力とは，生徒指導提要によれば「主体的に問題や課題を発見し，自己の目標を選択・設定して，個の目標の達成のため，自発的，自律的，かつ，他者の主体性を尊重しながら，自らの行動を決断し，実行する力」（13頁）と説明され，児童生徒の自己実現を果たすために不可欠なものとされる。自己実現は基本的には児童生徒1人ひとりの問題であるので，生徒指導を通じた働きかけもまずは個別の児童生徒に対して行われる。しかしながら，学級のなかで同じような課題をかかえた児童生徒が複数いる場合には，

グループや学級全体といった集団に対して生徒指導が行われることもありうる[6]。

　また，生徒指導が行われる場面についても注意が必要である。前節の表7.1でみたようなほかとは明確に区別される場面で行われることも多々あるが，「主体的に問題や課題を発見し，自己の目標を選択・設定」する場面は教科指導も含めて学校教育活動のあらゆる場面で起こりうるので，自己指導能力の育成をめざした生徒指導も**学校教育活動**のあらゆる場面で行われることになる。前節では生徒指導と教科指導が区別されることを前提に相補的関係にあると述べたが，実際には教科指導の場面において生徒指導としての働きかけが同時に行われることもありうる[7]。

② 進路指導の役割

　生徒の自己実現を具体的な形で示すことになるのが，卒業後の進路である。中学や高校を卒業してどのような進路に進むのか，生徒は在学中に考えて一定の結論を出さなければならない。この進路を決めるプロセスにおいて行われる指導が，**進路指導**である。進路指導には進学のための進学指導と就職のための就職指導があり，就職指導の前身である**職業指導**も含めれば1920年代以降の100年ほどにわたって日本の学校教育では行われてきた（榎本，2000，27-31頁）。卒業生のほとんどが高校に進学する中学校においては進学指導が行われるが，就職をめざす生徒が少なくない高校においては進学指導のみならず就職指導もあわせて行われる。

　進路指導は，長年の取り組みのなかで独自の方法論を蓄積してきている。もっとも一般的なものは次の6つの活動に整理されるという考え方で，すなわち「① 個人資料に基づいて生徒理解を深める活動と生徒に正しい自己理解を得させる活動」「② 進路に関する情報を得させる活動」「③ 啓発的な経験を得させる活動」「④ 進路に関する相談の機会を与える活動」「⑤ 就職や進学等に関する指導・援助の活動」「⑥ 卒業生の追指導等に関する活動」というものである[8]。①～⑥は進路指導が行われるタイミングが早い順に，時系列に沿って整理されている。

しかしながら，進路指導には理想と現実とのギャップが常につきまとってき
た経緯がある。理想としては，生き方に対する生徒自身の希望，および進学先
の学問や就職先となる職業に対する適性などをふまえつつ指導を行うというこ
とになっていたが，現実には必ずしもふまえることなく進路の実現可能性に基
づいて指導してしまうことが少なからずあった。端的にいえば，生徒自身の学
業成績に基づいて教師が進路先を決定してしまうというものである。とくに進
学指導の場面では，模擬試験の偏差値などによって入学試験の合格可能性が示
されるので，そういったことが起こりやすかった。担任や進路指導担当の教師
から示される受験校が生徒自身の希望に沿ったものである場合は問題になるこ
とは少ないが，一致しない場合にその学校へ進学してしまうと不本意入学と
なってしまう。進路指導は，生徒が上級学校や職場へ間断なく進むことに大き
く貢献してきた一方でこうした問題点もはらんでいて，その反省に立って展開
されることになったのが次に述べる**キャリア教育**ということになる。

③ キャリア教育の視点

　キャリア教育が進路指導とともに学習指導要領に示されるようになったの
は，2017年および2018年改訂の現行のものからである[9]。進路指導がもつ長い
歴史と比べると，キャリア教育という言葉が教育行政で使われるようになった
のは比較的最近のことで，文部科学省の『**中学校・高等学校キャリア教育の手
引き**』（文部科学省，2023，6頁）によれば，1999年の**中央教育審議会答申**から
である。また，進路指導は中学校と高等学校の学習指導要領にのみ示されてき
たが，キャリア教育は小学校学習指導要領にも示されることとなった。つまり，
キャリア教育は小学校から高等学校までの全体にわたって行われることが想定
されている。進路のことを小学校1年生から考えはじめるのは早すぎるのでは
ないかという疑問を感じるかもしれないが，これについては**キャリア発達**とい
う考え方が1つの答えになっている。すなわち，人が社会的・職業的に自立す
るために必要な能力[10]は成長に伴って発達するもので，その発達は小学校段階
ですでに始まっているという前提に立っている。その発達を促すためにキャリ
ア教育を行う必要があるとされている。

学習指導要領によれば，キャリア教育の充実はいくつかの条件が満たされるように行われる必要がある。なかでも重要なのは，キャリア教育が「特別活動を要としつつ」行われるという点である。その意味するところは2つあって，1つはキャリア教育が生徒指導や教科指導も含めた学校教育活動のあらゆる場面において行われる必要があるということであり，もう1つはそうした学校教育活動全体で行われたキャリア教育の全体を総合してまとめることを特別活動の時間に行う必要があるということである。このため，特別活動では**学級(ホームルーム)活動**の内容の1つに「一人一人のキャリア形成と自己実現」が設けられていて[11]，キャリア教育に取り組む時間が確保されている。

キャリア教育が学校教育活動全体にわたって行う必要があるものだという点は，生徒指導と同じ性格を有している。また，社会的自立を促すという点でもキャリア教育と生徒指導は同じ性格を有している。両者は密接な関係にあるといってよいだろう。どちらも根底にあるのは自己の将来をどう見通し切り拓いていくかという社会的な自立の問題で，キャリア教育の場合にはそれに加えて職業的な自立についても射程に入ってくるということになる。児童生徒が将来において社会で生き抜いていくためには，教科学習を通じて獲得する知識・技能が大切なことはもちろんだが，**社会的・職業的自立に必要な能力**も同様に大切で，教師は生徒指導やキャリア教育を通じてこれらを児童生徒に身につけさせていくよう求められているといえよう。

3 教師が児童生徒に寄り添うとはどういうことか

① 児童生徒理解の重要性

生徒指導はあくまで支援であって，教師側からの一方的な押しつけであってはならないことは前述のとおりである。では，どうすれば押しつけにならずに児童生徒に寄り添った指導とすることができるのだろうか。ここでキーとなる概念が，**児童生徒理解**だ。生徒指導提要では生徒指導の方法の1つとして位置づけられていて，「経験のある教職員であっても（中略）非常に難しいこと」と説明されている。たしかに，児童生徒がどんなことに興味や関心をもち，ど

のような能力・適性をもっていて，それらがどのような家庭環境や成育歴を背景に培われてきたのかということを知るのは，経験豊富な教職員であっても容易ではないだろう。

とはいえ，児童生徒理解をどれくらい深めることができるかによって，生徒指導を通じた支援の成否が左右されることになる。その理由は，適切な支援策を考えるためには，より正確で豊富な情報が必要だからだ。2010年に発行された初版の「生徒指導提要」では，児童生徒理解に関係して「人は理解してくれている人には安心して心を開きますが，理解してくれていない人に対しては拒否的になり，心を閉ざしたまま対応するものだ」という指摘がなされていた。より豊富でかつ正確な情報を児童生徒から引き出すには，まずは教師に対し心を開いてもらうことが必要で，そのために児童生徒理解が欠かせないというわけだ。教師からは些細なトラブルにみえても，背景事情を知るとじつは大きな問題の氷山の一角だったということはよくある話で，適切な対処法を考えるためにも問題の背景事情を正確に捉えることは不可欠だといえる。

② 何が児童生徒理解をむずかしくさせるのか

教師による児童生徒理解がむずかしい理由はさまざまだが，ここではさしあたって2点指摘しておきたい。

まず，教師と児童生徒とのあいだの社会経済的・文化的なギャップの存在である。**社会経済的地位**の違いに起因する理解のむずかしさについては，教育格差に関する松岡の議論が参考になる（松岡, 2019）。教師は平均的にみて高い社会経済的地位の出身であり，公立学校などで低い社会経済的地位出身の児童生徒や保護者と出くわした際に，その行動や考え方を理解することがむずかしくなる場面があるというものである。もちろんそのようなケースは十分想定できるが，高学歴化が進んだ現在では逆に教師の方が相対的に低い社会経済的地位になることもありうる。ここで問題なのは，どちらが高いかということではなく，教師と児童生徒（とその保護者）のあいだで地位に差があるということである。その差こそがお互いの理解を阻害する要因になりうる。また，文化的背景の違いもお互いの理解を阻害する要因になりうる。**外国につながりのある児**

童生徒とのかかわりがむずかしくなりがちなのは，教師と児童生徒とのあいだの文化的背景の違いが大きく影響しているといえよう。こうした差や違いといったギャップがある場合に，児童生徒理解はむずかしくなる。

　もう1つの理由として，生徒指導を通じた支援が必要となる状態に教師自身が陥った経験があるとは限らないという点である。生徒指導提要には，支援が必要となる具体的な状況が示されている（表7.3）。これらのうちのいくつかを経験した教師は少なからずいたとしても，そのほとんどやすべてを経験したことがあるという教師は，いたとしてもきわめて少数だろう。つまり，多くの問題に対して，教師は自らが経験したことのない問題として向き合うことになる。このような場合にも，教師は児童生徒理解がむずかしくなるだろう。

表7.3　生徒指導が取り組む個別の課題

いじめ，暴力行為，少年非行，児童虐待，自殺，中途退学，不登校 インターネット・携帯電話に関わる問題 性に関する課題（性犯罪・性暴力，性的マイノリティ） 多様な背景を持つ児童生徒（発達障害，精神疾患，健康課題，支援を要する家庭状況）

出所：文部科学省（2022）「生徒指導提要」

③ 児童生徒との向き合い方

　児童生徒理解がむずかしいのはそのとおりだとして，では教師は手をこまねくだけでいいのかというとそんなことはない。「生徒指導提要」には，児童生徒との向き合い方に関するヒントが示されている。それらは，次の3点に整理できる。

　第1に，多面的に事態を観察するということである。生徒指導提要には「心理面のみならず，学習面，社会面，健康面，進路面，家庭面から総合的に理解していくことが重要」と示されている。たとえば遅刻しがちな生徒がいたとして，その生徒がなぜ遅刻しがちなのかを考えてみよう。もちろん，なんとなく気分が憂鬱で学校に行きたくないだけなのかもしれないが，夜一緒に遊ぶ仲間ができて帰宅がいつも早朝で朝起きることができないとか，最近勉強についていけてなくて授業に出るのが怖いとか，クラス内の人間関係がうまくいっていなくて顔を合わせたくない友人がいるとか，じつはその学校への進学が不本意

でできれば退学したいと思っているのかもしれないとか，その生徒はヤングケアラーで家族の誰かの面倒をみるために朝に家を出るのが遅くなっているとか，多面的に理解しようとすればさまざま可能性を思い浮かべることができる。現実にはその生徒について何かしらの情報があって可能性を一定程度絞ることができるケースが多いとは思うが，先入観にとらわれず可能性を探ることで理解に近づくことができるようになるだろう。

　第2に，さまざまな立場の人からの情報を得るということである。生徒指導提要には「学年担当，教科担任，部活動等の顧問等（中略）に加えて，養護教諭，SC，SSW の専門的な立場からの児童生徒理解を行うことが大切」と示されている。児童生徒理解がむずかしくなる要因として教師と児童生徒とのあいだのギャップがあることをふまえれば，教師以外の専門的な立場からの見解はとても大切で有意義である。今後の学校は，**チーム学校**という考えのもとで，教職員だけでなく専門的な立場の人材も加わって運営が行われていくことが想定される。教師同士で連携し情報共有することが大切なのはこれまでどおりだとしても，教師ではない異なる立場の人の見解を率直に受け止めることができるという能力が今後の教師には必要になってくるだろう。

　第3に，教師の側が先に児童生徒やその保護者に対して開かれた態度で接するということである。生徒指導提要には，「児童生徒や保護者に対して，教職員が積極的に，生徒指導の方針や意味などについて伝え，発信して，教職員や学校側の考えについての理解を図る必要がある」と示され，その具体的な取り組み例として，学級・ホームルーム通信の定期的な発行があげられている。たしかに，これまで多くの教師が取り組んできて，一定の成果を上げてきたという実績があるのかもしれないが，作成には多くの時間や手間が必要という問題もある。多忙化が問題となっていることをふまえれば，より効率的な方法で情報伝達や発信を行うことを模索するべきだろう。

本章を振り返る問い
　いじめや不登校のような生徒指導上の深刻な問題が発生しないように，教師は日ごろか

ら児童生徒のことをよく理解しておき，異変に敏感になる必要がある。児童生徒を理解するために，教師は具体的にどのようなことをするべきだろうか。

注
1）初等教育に通う子どもを「児童」，中等教育に通う子どもを「生徒」と呼び分ける慣例からすると，小学校における指導は「児童指導」と呼ぶのが適切という考え方もありうるが，ここでは生徒指導における慣例に従い，小学校における指導も「生徒指導」と呼ぶことにする。
2）小学校は総則第4，中学校は総則第5，高等学校は総則第5款で，「1 生徒（児童）の発達を支える指導の充実」の（2）に示されている。
3）小学校，中学校，高等学校のいずれの場合も，特別活動の章において「第3 指導計画の作成と内容の取扱い」の1の（3）に示されている。
4）生徒指導を行うことを直接定めているわけではないが，教育基本法第2条に定められている教育の目標を達成するためにも生徒指導は欠かせない。生徒指導提要（12頁）によれば，同法第2条第2項にある「個人の価値を尊重して，その能力を伸ばし，創造性を培い，自主及び自律の精神を養う」ことに対して生徒指導は寄与しうるとされている。
5）指導上の合理性が見いだせない，いわゆる「ブラック校則」と呼ばれるものが代表例といえる。
6）生徒指導提要では，生徒指導が行われる場面を時間軸，対象，課題性の高低などに基づいて構造化した「2軸3類4層構造」という説明図式が用いられている。
7）生徒指導に教師がたずさわる時間も，生徒指導でありかつ教科指導でもあるといような時間も含めれば，表7.2に示す時間より実際はもっと長いということになる。
8）文部省・文部科学省が作成する資料にたびたび登場する整理方法で，2011年版の『中学校キャリア教育の手引き』（35頁）などで確認できる。
9）小学校は総則第4，中学校は総則第5，高等学校は総則第5款で，「1 生徒（児童）の発達を支える指導の充実」の（3）に示されている。
10）いくつかの能力から構成され，キャリア教育で育成をめざすのは「基礎的・汎用的能力」であるとされる。紙幅の都合で詳細は割愛するので，2022年および2023年に改訂された『キャリア教育の手引き』（小学校版は16-17頁，中学校・高等学校版は18-19頁）を参照のこと。
11）小学校，中学校，高等学校のいずれも，「2内容」の（3）にあたる。

参考文献
榎本和生（2000）「第2章進路指導の歴史と発展」仙崎武・野々村新・渡辺三枝子・菊池武剋編著『入門進路指導・相談』福村出版
松岡亮二（2019）『教育格差（ちくま新書）』筑摩書房
文部科学省（2022）『小学校キャリア教育の手引き』
──（2011）『中学校キャリア教育の手引き』
──（2023）『中学校・高等学校キャリア教育の手引き』
──（2010）『生徒指導提要』
──（2022）『生徒指導提要』
文部科学省初等中等教育局（2023）「教員勤務実態調査（令和4年度）の集計（速報値）

について」

山﨑準二（2015）「第1章　教育の方法・技術の歴史」柴田義松編著『教育の方法と技術〈改訂版〉』学文社

8 教育格差に向き合う教員たち―教育の公正のための教職論

1 教育格差とは何か―教育格差と教員の役割

「**教育格差**」という言葉を聞いたことがあるだろうか。言葉だけはみたことがある人もいれば，まったくよく知らないという人もいるかもしれない。

教育格差とは，子ども本人が変更できない初期条件である子どもの社会経済的背景（保護者の収入や学歴など）や性別，出身地域（都市／地方）などの「生まれ」によって子どもの教育達成（学力や最終学歴など）に格差が生じることをさす（松岡，2019）。

たとえば，貧困家庭の子どもとそうでない子どもを比較したときに，学力や進学に生じる格差を想像してほしい。そこには子ども自身が選択したり変更したりできない経済的な要因が，本人の学びや進路に影響を与えていることになる。教育格差とは教育の平等や公正，つまり子ども1人ひとりの教育権の保障をめざすうえで，非常に重要な視点なのである。

筆者の専門の教育社会学では，長年，教育格差の問題が検討されてきた（学問上では「教育の不平等」とも呼ばれる）。1人ひとりの教育機会を保障することが公教育の理念の1つだが，教育格差はそれが実現できていない状態を表している。どのようにすれば不当な教育格差を是正できるのか，これは学校・教員はもちろん，社会全体で考えなければならない社会的な問題だ。

実際に日本社会における教育格差はどのような実態なのか。また教育格差の是正をめざすうえで教員はどのような役割を担うべきだろうか。以下では，実例とともに，これらの問いについて考えてみたい。

まずは教育格差の実態をデータで確認してみよう。図8.1は全国学力・学習状況調査の学校別の結果を示している（2017年度・小学校6年生）。縦軸は学校の学力スコア（学校の全教科平均正答率）を，横軸は学校のSESスコアを示している。また図中の●ドットは各学校を表している。SESとは聞き慣れないかもしれないが，Socio-economic Statusの略で子どもの「社会経済的背景」

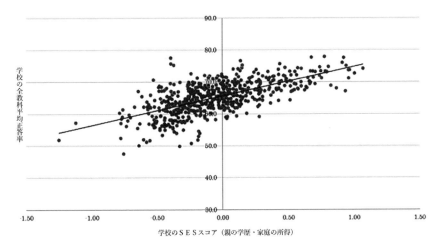

図8.1　学校別学力スコアと SES スコアの分布　2017年度全国学力・学習状況調査（小学校6年）の SES スコア（親の学歴・家庭の所得）

出所：耳塚他編，2021，188頁，図11-5 をもとに一部修正

を表すもので，具体的には保護者の学歴や所得をスコア化している（平均は0）。つまり，SES スコアが高い学校は，保護者の学歴や所得が相対的に高いことになる。

図8.1をみると●ドットが左下から右上に分布していることがわかる。真ん中の線は，学力と SES スコアの関連性を示しており，SES スコアが高い学校ほど学力が高くなることを表している。子どもの家庭背景によって学力スコアが大きく左右されている状態，つまりこれが教育格差の実態だ。

このデータは一例だが，注目したいのは受験を経験する前の小学校6年生の時点で学力格差が生じていること，また日本は国際学力調査などで高い成績を修めているが，学力格差の程度はほかの先進国とそう変わらないこともわかっている（松岡，2019・川口編，2019など）。

こうしたデータをみると一括りに「学校」といっても，その実態は多様であることがわかるだろう。じつは公立の学校であっても校区の SES が厳しい学校と，そうでない学校とでグラデーションがある。見落としがちだが，学校も社会の一部であり，社会のなかに位置づいている「場」なのである。そして重

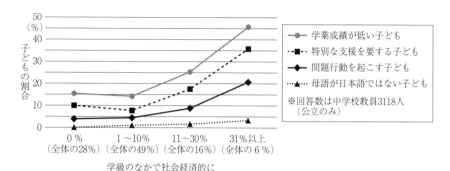

図8.2 学級における各特徴をもつ子どもの割合

出所：「TALIS 2018」より筆者作成

要なのは，学校ごとのこうした違いによって，教員に求められる役割も異なってくることだ。

図8.2は，教員に自身の学級の生徒の特徴をたずねたデータを表している[1]。グラフでは，校区の SES が厳しい学校とそうでない学校の子どもの特徴を比較するため，学級における「社会経済的に困難な家庭環境の子どもの割合」別に，結果を示している。

たとえば，SES の厳しい子どもが「0％」の学級では，学業成績が低い子どもは学級のなかで約14％だ。しかし SES が厳しい子どもが「31％以上」の学級では，同様の子どもが約46％もみられる，ということになる。

この数値はあくまで教員の認知件数であることに留意すべきだが，こうした傾向は「特別な支援を要する生徒」「問題行動を起こす生徒」「母語が日本語ではない生徒」でも同様で，いずれも校区の SES が厳しいほど，さまざまな課題やニーズをかかえる子どもが多くなっていくことがわかる。

改めて教員に求められる役割は，どの学校でも同じといえるだろうか？　こうしたデータからは，教員の勤務する学校の環境は一様でないこと，そして校区の SES によって，教員に求められる役割が異なることがわかる。公立学校のなかでも子どもや保護者の様相に違いがあり（伊佐編，2019），それに応じて教員の役割も異なってくるのである。

注目したいのはSESの厳しい学校である。そこにはさまざまな背景を有した子どもが在籍しており，かれらへの積極的な支援なしに教育格差の是正は達成できない。そこは教育格差の問題が鋭く顕在化する「場」ともいえるのである。

2　〈しんどい学校〉とは─教育格差に向き合う教員たち

　校区のSESの厳しい学校では，貧困の子どもや外国にルーツのある子どもなど，さまざまな社会的背景の子どもが在籍している。教育格差の議論で示されているように，かれらは学校適応や学力にディスアドバンテージを負いやすく，それが学級のなかで教育課題として表れるケースが少なくない（若槻・知念編，2019）。そうした学校の教員たちは日々，教育格差に向き合いながら教育実践を行っている。かれらの日常はどのようなものだろうか。

　筆者はこれまで関西の小学校・中学校を中心にフィールドワークをしてきた。多くは校区のSESの厳しい学校だが，そうした学校はしばしば〈しんどい学校〉と呼ばれる。関西では「しんどい」という言葉には「厳しい」「たいへん」という意味合いがある。学校現場でも子どもたちの家庭背景の厳しさや指導の困難さを指して「しんどい」が用いられるが，筆者のかかわった教員たちは同時に学校や子どもへの愛着や親しみの意味も込めて，この言葉を用いていた。

　以下では筆者が行ってきた調査（中村，2019）をもとに，〈しんどい学校〉の様子と教員たちに求められる役割を考えてみたい。

①〈しんどい学校〉で求められる教員役割

　先にみたように校区のSESの厳しい学校ではさまざまな教育課題や子どものニーズに対応することが求められる。調査を進めると〈しんどい学校〉で求められる教員の役割にはいくつか特徴があることがみえてきた。

　第一に「学級規律の問題」があり，子どもが授業に参加しない／できないことや，教員からの指示が「通らない」，あるいは子どもの教員に対する不信感など，〈しんどい学校〉では学級規律が不安定になりやすい。その多くは子ど

もたちの厳しい背景と重なる場合が多いのだが，教員たちにはまず子どもとの関係を築きながら，学級を「荒れさせない」ことが求められる。

たとえば，筆者が聞き取りを行った教諭からは，以下のように教員－子ども関係を一からつくることのむずかしさが語られた。

> やっぱり子どもたちは「団地」っていう背景を背負っていて。本当に，給食の時間に「親が別れた」とか，別れて「名前変わんねん」とか言ったり。なんか，「家，お母さん最近帰ってこんわ」とか，「朝方起きたらこんなん言うてたわ」とか，なんか暴言吐かれたみたいな，親にね。すごいもん背負って学校には来てるんですけど，だからこそ，大人に対する不信感がすごい強かったりとか。「大人は結局」みたいな。(中略) だから，何かこう，こっちが関わろうとしても，「結局大人はそんなん言ったって」みたいなことが結構，対話の中でよく出てきたなあって。で，こっちもしんどくなるじゃないですか。
>
> (小学校教諭の語り，中村，2019)

第二に〈しんどい学校〉では，「学習指導の問題」にも直面することが多い。これは学級規律の問題と重なるが，〈しんどい学校〉では学習習慣が身についていなかったり，学習への意欲の低い子どもが一定数在籍する。そうした学級では，一般的な学校で行ってきた学習指導とは異なるアプローチが必要となる。加えて授業のなかで学級規律の指導や個々の子どもへのケアに時間が割かれるため，学習指導に使える授業時間も制限されやすい。たとえば，次の教員の語りをみてみよう。

> ここの子なんかは家庭的に経済面とかでお仕事の関係とかそんなんでね，余裕がなくて子どもたちと話ができてない家庭ってのがすごく多いんです。子どもたち側からすると「聞いてほしい」と強く思ってるお子さんは多くて。(中略) (教師が) そんなことを聞いてあげることによってスッキリする子，自分の中で納得できるような子は，それなりに授業にも前向きにできるってこともあるし，もんもんとしたままの子はなかなか難しかったですね。
>
> (同上)

第三に「保護者との関係課題」も〈しんどい学校〉で教員が直面するタスクだ。教員たちは教室の内外でさまざまな子どものケースに対応するが，状況が深刻な場合は保護者に連絡し，連携をとることが求められる。ただ保護者のな

かには自身の生活が「中心」となってしまい，子どもの教育に手が回らなかったり，放任的な場合もある。ただ支援の必要な子どもたちをサポートするうえでは保護者の存在は不可欠なため，保護者との関係の構築は教員の重要な役割として認識されていた。

② 〈しんどい学校〉で形成される教員のアイデンティティ

こうしてみると〈しんどい学校〉では対応しなくてはならない課題やニーズが多く，教員にとって厳しい職場環境のように映るだろう。補足しておくと〈しんどい学校〉のなかには，もちろん「向学校的」な子どもや保護者もいる。ただ教員たちにとっては，上記のような課題が〈しんどい学校〉で教員を続けていくうえでクリティカルな問題として認識されていた。

いっぽうで，筆者がインタビューした多くの教員は，同時に〈しんどい学校〉での「やりがい」「働きがい」も口にしていた。かれらは，〈しんどい学校〉で働くなかで特徴的な**アイデンティティ**（自身の理想とする教員像や教員としての志向性）を形成しているようだった。

つぎに，その特徴をみてみよう。〈しんどい学校〉の教員たちは学校で求められる役割や課題に適応しながら，自身の教職観や指導観を再構築していく。その1つに「しんどい子の包摂」を重視する指導観がある。

日本の学校では「どの子どもにも同じ指導を」という「**形式的平等**」が根付いているといわれている（苅谷，2001）。家庭背景にかかわらず，教員がどの子どもにも同様に指導することが「平等」的であるという考えだ。しかしそうした指導観の下では，子どもの家庭状況や社会的背景が十分に考慮されず，子どもの学習や取り組みの成果は「自己責任」として回収されがちだ。加えて，集団主義的な学級のなかでは，低学力の子どもや支援が必要な子どもにより手厚いケアをすることは限定的になりやすい。

いっぽう，そうした子どもが多く在籍している〈しんどい学校〉の教員たちは，まず子どもの「できない」の背景を考え，家庭状況や仲間関係などをふまえたうえで，子ども理解を行うことが重視されていた。再び教員の語りをみてみよう。

> （学校で学んだことについて）そうですね，子どもを切り捨てないというか，「この学年だったらこうあるべきだ」「なんでできない」みたいじゃなくて，その子どもがわかるためにどう授業をつくっていくか，いつもその観点なんですね。(中略) 子どもの今の実態，「しんどい子どもがわかる授業をどうしよう」みたいなことが常に問題意識にあって。学年の中で話するときもやっぱり子どもの話がいつも出てて。家庭訪問に行くっていうのが当然のことで。ただその現象だけを見るんじゃなくって，家庭の様子とか子どもの背景とかをしっかり見ていこうっていうのは，学ばせてもらったことかなって。
>
> （同上）

また〈しんどい学校〉では，子どもへのかかわり方も特徴的だ。課題があったりケアが必要な子どもに対しては，より手間暇かけたかかわりが必然的に多くなる。結果的に子どもとより「近い」関係となるのだが，こうした関係性が教員のやりがいにつながっている。

> （ここの子どもたちは）感情表現が自由なんですよ。中学生にもなってくると，これは言ったらあかんとか，言っていいとか，大人の顔をうかがうことがあるじゃないですか。(中略) けどこの子らって，相手が先生でも，校長先生でも，誰でも，思ったことを言うんですよ。でーんって。(中略) ただやりがいとしては，その分話をしてくれるから，（子どもと）話ができたとき，すごく伝わるんですよね。だから，すごい表裏一体で彼らが感情表現するので，こっちはすごい精神的に追い詰められるときもあるけれども，良い子ちゃんぶりっ子は絶対しない子らやから，親しみやすいから話ができて。おかげで何かできるようになったりしていくときに，「良かった」って達成感こっちも一緒に味わえたりするので。
>
> （小学校教諭の語り，中村，2019）

一般的に「子どもとのかかわり」「子どもの成長」を教職のやりがいとしてあげる教員は多くいるが (Lortie, 1975)，〈しんどい学校〉ではより近い関係性のなかで子どもたちへ「濃い」支援を行う。そのため厳しい背景の子どもたちの見せる小さな変化や成長が，教員たちを支える大きなやりがいとなっていた。

さらに同僚関係にも特徴がある。〈しんどい学校〉では，多様な課題やニーズへの対応が求められるが，それらを1人で応対するには限界がある。とくに学級の「荒れ」が常態化したような学校状況の場合はなおさらで，教員同士の助け合いやチームワークがなければ日々を乗り切れない。

こうした学校文化のなかで，〈しんどい学校〉には同僚と協働する文化が根づいていた。紅林（2007）は**同僚性**の機能を「教育活動の効果的な遂行」「力量形成」「癒やし」の3つに整理しているが，〈しんどい学校〉ではこれらの機能がおおいに作用しており，教員たちの日々の実践を支える重要な要素となっていた。

　以上のように〈しんどい学校〉では，特徴的な教員文化（指導観や働きがい，同僚性）のなかで教員たちは自身の職業的なアイデンティティを形成しており，厳しい学校環境ではあるものの，筆者が聞き取った多くの教員が仕事のやりがいや意義を感じながら日々，子どもたちと向き合っていた。

　ここでは一例のみ紹介したが，より詳しくは中村（2019）を参照してもらいたい。また国内のほかの研究でも，格差と向き合う教員の実践や学校文化を知ることができるし（志水編，2009・高田，2019など），高校のケースも参考になる（菊池，2012など）。さらに海外でも教育制度や慣習など異なるが，同様にさまざまな社会的マイノリティの子どもに向き合う学校があり，日本との異同を考えるうえで参考になるだろう（アップル＆ビーン編，2013・ハヤシザキ他編，2019）。

3　教育の公正をめざす教員の専門性とは何か

　〈しんどい学校〉の教員たちの日常を通じて，学校現場のなかで教員たちが教育格差といかに向き合っているか，その一端にふれてもらえたと思う。改めて，教育格差を是正するための教員はどのような役割を担うべきか，**教員の専門性**について考えてみよう。

　まず重要なのが，教育の「**公正と卓越性**」という考え方である。教育の卓越性（excellence）とは「全体あるいは個々人の教育成果の優秀さや，それを目指した教育機会の質の高さ」をさし，教育の公正（equity）とは「出身背景や個人属性など自ら制御できない要因よる教育機会の不平等が是正されるとともに，自律的な社会参加に最低限必要な教育機会がすべての人に提供されること」を表す（卯月，2018，678頁）。

具体的な学力を例にしてみよう。「卓越性」の視点では，全体の平均点の高さが問題となりやすく，それが教育成果や優秀さの指標とみなされる。一般的に学力問題では，こうした観点から議論がされやすい。他方「公正」の視点では，性別や家庭の経済的要因，エスニシティ（外国ルーツ）など社会経済的背景による，子どもの学力差が問題となる。教育格差の議論は，まさに教育の公正さにかかわる問題なのである。

　子どもの教育を考えるうえで，卓越性と公正の両方とも重要なのはいうまでもない。しかし日本の教育政策では卓越性の視点が中心的で，公正の視点が非常に弱いことが指摘されてる（志水・山田編，2015）。学力政策を例にしていえば，国や自治体の施策のなかで，「学力向上」の取り組みは多くみられるが，「学力格差の是正を」という取り組みは非常に限られる。

　同様に国の教員養成のあり方も，公正の視点が非常に弱いのが現状だ。全国の教員養成課程のシラバスを分析した松岡（2019）によれば，教育格差について扱っている授業（格差，貧困，階層といった言葉がシラバスに掲載）は，全体の３割に満たないという（なお15回講義のうち３回以上取り扱っている割合は全体の６％まで減る）。日本の教員養成では，教育格差は必須の学習内容ではなく，こうした知識を学ぶ機会がないまま教員になる学生が相当数いることになる。

　実際に筆者も参加した教員養成課程の大学生への質問紙調査でも，1〜4年生にかけて学生の意識の変化を検討した結果，学生たちは教職への使命感や責任感は高まるが，社会問題に対する関心には変化がなく，政治に対しては関心が低下していく傾向がみられた（中村ほか，2017）。格差や貧困は日本の社会問題，あるいは政治的なイシューだが，そうした問題に関心の向かない学生は少なくない。

　じつは，近年の教育政策は「実践的指導力」の名のもとに，学校現場への適応を過度に学生に強いる傾向がある（山﨑，2016）。学校教育・教室のなかのことだけに方向づけられた学生たちは，学校現場で子どもたちの背後の潜む教育格差の現状に気がつくことができるだろうか。

　教育格差を是正するうえで，教員は非常に重要なアクターだ。もちろんさま

ざまな教育・福祉政策といった制度設計も肝要だが，学校という場で直接，子どもたちと接する教員は，子どもたちにとっても大きな存在であることは間違いない。そのためには，教員の専門性のなかに「教育の公正をめざす」という理念を位置づける必要がある。以下では，そのために必要な3つの視点を紹介する。

第一に「民主的専門性」という考え方で，社会学者のウィッティが提唱した教員の専門性論だ。この立場では「専門性を脱神話化して，教師とその他の多様な利害関係集団（生徒，補助教員などの学校スタッフ，それに保護者や地域住民などの外部の利害関係性）の間に協調関係を確立すること」が重視される（Whitty, G., 2009＝2009，202頁）。

言い換えるならば，これまでの学校教育のなかで排除され，声を聞かれてこなかった社会的マイノリティの子どもや保護者，地域のメンバーと協働しながら学校や社会をつくっていくこと，そして教員は自身の学級の子どもだけでなく，より大きな社会問題にも関心をもちアクションを起こしていく必要性がうたわれている。卓越性の視点だけでは見落とされやすい教員の役割だ。

教育格差の議論では，子どもの社会経済的背景（保護者の収入や学歴など）や，性別，出身地域（都市／地方）が初期条件として据えられていたが，学校のなかにはさまざまな社会的マイノリティが在籍する。たとえば，障がいのある子どもや，外国にルーツのある子ども，性的マイノリティの子ども，被差別部落出身の子どもなど，かれらは学校のなかで周辺的なポジションにおかれやすい。

かれらの学習や生活を丁寧に見つめて，教育機会を保障すること，そしてかれらと協働して学校をつくっていくことの重要性を民主的専門性の議論は教えてくれる。そのためには教員が子どもの家庭状況や社会的背景を把握すること，そしてそれらを考慮しながら子どもの支援を行っていくことが肝要となる。

第二に，「公正」と「平等」の区別だ。先に日本の平等観について少しふれたが，日本ではこれらが混同して用いられやすい。図8.3をみてもらいたい。「平等」ではすべての人に同じ資源・機会が提供されるが，その結果，ゴールが達成されるかはバラバラだ。他方「公正」では対象のニーズや状況によって与え

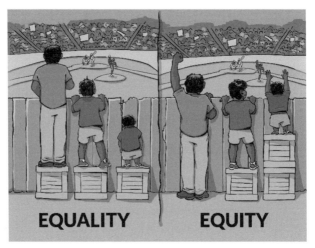

図8.3　平等（equality）と公正（equity）

出所：社会変革のための相互作用研究所（IISC）ウェブサイト https://
interactioninstitute.org/illustrating-equality-vs-equity/

られるものは異なり，支援が必要な人に対してより積極的な資源や機会の配分
がなされる。

　日本の教育現場では「平等」の考え方が中心的で，どの子どもに対しても同
じ指導をすること＝平等とみなされがちだ（形式的平等）。その場合，子どもの
社会的背景を把握するが重視されなかったり，ニーズのある子どもへ手厚い支
援することが「不公平」とされてしまうことがある。こうした平等観がベース
の指導では，図のように子どもの状況や条件が不利な子どもを十分にサポート
することがむずかしくなってしまう。

　もちろん，平等の考え方が有効な場合もある。子ども全員に同じ教科書や勉
強道具を支給することがその一例で，これは学習機会を保障することにつなが
る。ただ教育格差を是正するうえでは形式的平等の考えを転換し，課題やニー
ズのある子ども対してより積極的な支援していく公正のマインドをもつことが
重要だ。

　第三に，〈しんどい学校〉の再評価だ。これまでみてきたように，〈しんどい
学校〉は，社会的に不利な立場にいる子どもたちを引き受ける非常に重要な場

となっている。学校は生活の苦しい子どもたちの重要な「居場所」となりえるし、さまざまな立場の子どもたちが互いのつながりをつくる場にもなる。そうした子どもたちが十分に支援され、自身の将来やキャリアが自由に選択できるようになれば、ひいては教育格差の是正につながっていくだろう。

　そして、じつは教員にとっても〈しんどい学校〉は重要な場である。〈しんどい学校〉の教員たちは、学校のなかでさまざまな背景の子どもたちと出会い、そのなかでかれらに必要な支援の方法を学んでいく。筆者の調査した学校では、長年、マイノリティの子どもたちを支える教育実践（人権教育）が積み重ねられ、その実践が継承されていた。そして、教員たちは試行錯誤を重ねながら自身の教育実践や教育観を見つめ直していた。

　〈しんどい学校〉は、ときに「困難校」としてネガティブにみられることがあるが、そこでの教職経験は教員たちにとって教育の公正を考える重要な機会となっている。言い換えるなら、教員にとって民主的専門性を育む場ともいえる。こうした学校に対して教員数を増やすなど必要な教育的資源をまわしサポートするとともに、格差是正の要所として再評価することも必要だ。

　教育格差は一朝一夕で解決する問題ではなく、粘り強い取り組みの継続が重要だ。その最前線で子どもたちを支える教員たち、かれらをサポートする仕組みを考えつつ、教育の公正に向けた教員の専門性を確立するための方途を同時に考えていく必要がある。

本章を振り返る問い
　貧困家庭や外国にルーツのある子どもなど、さまざまな社会経済的背景によって生じる学力や進学の差＝教育格差に対して、あなたはどのような支援が有効だと考えるか。またそのために教員たちはどのような学びが必要だろうか。

注
1 ）SES の指標は、自身が教えている学級の「社会経済的に困難な家庭環境にある生徒の割合を推定してください」という質問を用いている。グラフ内の数値は、各回答を平均値に変換して試算している（例、「1 ％〜10％」＝ 5 、「11％〜30％」＝20）。

参考・引用文献

相澤真一・伊佐夏実・内田良・德永智子（2023）『これからの教育社会学』有斐閣

伊佐夏実編（2019）『学力を支える家族と子育て戦略』明石書店

苅谷剛彦（2001）『階層化日本と教育危機』有信堂高文社

川口俊明編（2019）『日本と世界の学力格差』明石書店

菊池栄治（2012）『希望をつむぐ高校』岩波書店

紅林伸幸（2007）「協働の同僚性としての《チーム》」『教育学研究』第74巻，第2号，174-
188頁

ハヤシザキ　カズヒコ・園山大祐・シム　チュン　キャット編（2019）『世界のしんどい
学校』明石書店

松岡亮二（2019）『教育格差』筑摩書房

耳塚寛明・浜野隆・冨士原紀絵編，2021『学力格差への処方箋』勁草書房。

中村瑛仁・紅林伸幸・川村光・長谷川哲也（2017）「教職志望大学生の教職観・指導観と
社会意識」『大阪大学教育学年報』22，27-41頁

中村瑛仁（2019）『〈しんどい学校〉の教員文化』大阪大学出版会

卯月由佳（2018）「公正と卓越性」日本教育社会学会編『教育社会学辞典』丸善出版，678-
679頁

志水宏吉編（2009）『「力のある学校」の探究』大阪大学出版会

志水宏吉・山田哲也編（2015）『学力格差は正策の国際比較』岩波書店

高田一宏（2019）『ウェルビーイングを実現する学力保障』大阪大学出版会

若槻健・知念渉編（2019）『学力格差に向き合う学校』明石出版会

山崎準二（2016）「教師教育の多元化システムの構築」佐藤学編『学びの専門家としての
教師』岩波書店，165-195頁

Apple, M. W. & Beane, J. A. Eds. (1995) *Democratic Schools* (*2nd Edition*), Portsmouth,
NH : Heinemann.（澤田稔訳（2013）『デモクラティック・スクール』ぎょうせい）

Lortie, D. C. (1975) *Schoolteacher*, University of Chicago Press : Chicago

Whitty, G. (2009) Towards a new teacher professionalism（高山啓太訳「教師の新たな専
門性に向けて」アップル，W.・ウィッティ，G.・長尾彰夫編（2009）『批判的教育学と
公教育の再生』明石書店，187-206頁）

9 Society 5.0における学校と教師

1 **ICT の導入により学校や子どもの学びはどのように変わるのか**

　現在までの人間社会を大きく4つに分けると，狩猟社会（Society 1.0），農耕社会（Society 2.0），工業社会（Society 3.0），情報社会（Society 4.0）に分けられ，これに続く新たな社会を**超スマート社会**（Society 5.0）と呼ぶ。Society 5.0では，あらゆるモノがインターネットにつながる IoT（Internet of Things）やいわゆる人工知能を意味する AI（Artificial Intelligence）などのテクノロジーを効果的に活用して，経済発展と社会的課題の解決を両立する人間中心の社会が想定されており，1人ひとりがより多様な幸せ（Well-being）を実現することがめざされる。その一方で，あらゆることが予測困難かつ不確実な時代になっていくことも想定され，子どもたちにはこれからの時代を担うために必要となる資質・能力を身につけることが求められる。

　学校教育でも Society 5.0を見据え，ICT を基盤とした学習環境を整備し，子どもたち1人ひとりに最適化された教育を提供することがめざされた。しかし，2019年頃までは，わが国の学校の ICT 環境の整備状況には，遅れや自治体間による格差がみられた。そこで，新たな政策として打ち出されたのが，**GIGA スクール構想**[1]である。GIGA スクール構想により，令和時代のスタンダードな学校像として，全国一律での ICT 環境の整備が進められることとなった。2019年12月に示されたこの方針は，当初，2023年度の実現をめざすものであったが，2020年の新型コロナウイルスの流行に伴い，急遽，前倒しでの整備が行われた。GIGA スクール構想の実現に向けた具体的な取り組みとしては，「児童生徒へ1人1台の情報端末を配布」「学校内の高速通信ネットワークの整備」「授業や校務でのクラウドサービスの活用」などがあげられ，2023年度にはほとんどの自治体で ICT 環境が整いつつある。

　こうした GIGA スクール構想や ICT 環境の整備により，学校や子どもたちの学びはどのように変わるのだろうか。文部科学省は，1人1台端末・高速通

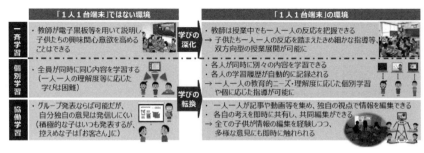

図9.1 「1人1台端末・高速通信環境」がもたらす学びの変容イメージ

出所：文部科学省（2020a）「『GIGA スクール構想』について」1頁

信環境がもたらす学びの変容イメージとして，「**学びの深化**」と「**学びの転換**」をあげている（図9.1）。「学びの深化」では，従来の一斉学習に対して，教師が子どもたち1人ひとりの反応をふまえながら細かな指導など，双方向型の授業展開が可能になるとしている。「学びの転換」では，従来の個別学習が同時に同じ内容を学習するものであったのに対して，子どもたち1人ひとりの教育的ニーズや理解度に応じて別々の内容の学習が可能となったり，学習の履歴が自動的に記録されることが想定されている。また，協働学習でも，子どもたち1人ひとりが独自の視点で情報の収集や編集を行ったり，各自の考えの共有や共同編集が可能になるとされている。このほかに，"調べ学習"や"表現・制作活動""**遠隔教育**""**情報モラル教育**"などの場面においても「1人1台端末」の活用による学習の充実が期待されている。

　「1人1台端末」を活用した学びでは，児童生徒の**個別最適な学び**に注目されている。この「個別最適な学び」は，2021年中央教育審議会答申において，以下に示すように「**指導の個別化**」と「**学習の個性化**」に整理されている。「指導の個別化」については，子どもたち自身が**自己調整学習**を通じて，主体的に学習を最適化してくことがめざされる。また，「学習の個性化」については，子どもたちの興味関心や目標に応じて，複線的に内容や方法を検討することが求められる。

○全ての子供に基礎的・基本的な知識・技能を確実に習得させ，思考力・判断力・表現力等や，自ら学習を調整しながら粘り強く学習に取り組む態度等を育成するためには，教師が支援の必要な子供により重点的な指導を行うことなどで効果的な指導を実現することや，子供一人一人の特性や学習進度，学習到達度等に応じ，指導方法・教材や学習時間等の柔軟な提供・設定を行うことなどの「指導の個別化」が必要である。

○基礎的・基本的な知識・技能等や，言語能力，情報活用能力，問題発見・解決能力等の学習の基盤となる資質・能力等を土台として，幼児期からの様々な場を通じての体験活動から得た子供の興味・関心・キャリア形成の方向性等に応じ，探究において課題の設定，情報の収集，整理・分析，まとめ・表現を行う等，教師が子供一人一人に応じた学習活動や学習課題に取り組む機会を提供することで，子供自身が学習が最適となるよう調整する「学習の個性化」も必要である

（中央教育審議会，2021，17頁）

　こうした新しい学校での学びを効果的・効率的に取り組めるようにするためには，**デジタル教科書**や**電子黒板**などのICT活用が想定されており，子どもたちの学び方の多様化が進められている。教師にとって，GIGAスクール構想を通じて，児童生徒の個別最適な学びや協働的な学びの一体的な充実をどのように実現していくかが，これからの課題の1つともいえるだろう。

　学校のICT環境が整備されることにより，教員の校務にも変化をもたらしている。たとえば，通知表の記入を手書きからコンピュータ入力に変更する，学校行事に関する文章をクラウド上で管理し，校内の教師が簡単にアクセスや編集できる状態にする，校内での研究授業において参観する教師は指導案をデータで保存しておき，タブレット端末上でメモをとるなど，これまで紙のやりとりで行っていたことをデータやネットワーク上でやりとりすることで効率化している。教員の多忙化が課題となっている昨今の学校現場において，こうしたICTの活用は教員の働き方の改善をもたらすことに期待される。

　さらに，**教育ビッグデータ**の活用にも注目されている。具体的には，1人1台端末の**スタディ・ログ**（学習履歴）から，いつ／どのように学習し／どんな問題でつまづいたのかということを教師や学校側が把握することが考えられる。このことは，教師にとって紙ベースでの採点や集計が簡略化されるだけで

表9.1 「遠隔教育」の類型と分類

「遠隔教育の推進に向けた施策方針」での遠隔教育の類型	本書における遠隔教育の分類	
合同授業型	A1	遠隔交流学習
合同授業型	A2	遠隔合同授業
教師支援型	B1	ALTとつないだ遠隔学習
教師支援型	B2	専門家とつないだ遠隔学習
教師支援型	B3	免許外教科担任を支援する遠隔授業
教科・科目充実型	B4	教科・科目充実型の遠隔授業
その他	C1	日本語指導が必要な児童生徒を支援する遠隔教育
その他	C2	児童生徒の個々の理解状況に応じて支援する遠隔教育
その他	C3	不登校の児童生徒を支援する遠隔教育
その他	C4	病気療養中の児童生徒を支援する遠隔教育
その他	D	家庭学習を支援する遠隔・オンライン学習
その他	E	遠隔教員研修

出所：文部科学省，2020b，5頁

はなく，学習実態（児童生徒の授業での学びや端末持ち帰りによる家庭学習の状況など）を把握することが可能となり，教師が指導方針を立てる際の情報としての活用につながる。また，学習者である子どもたち自分も小テストや定期テストの結果や各種質問紙調査の回答結果の蓄積により，自信が苦手とする分野の把握や学習習慣の振り返りを行うことが可能となる。学校や自治体にとっても，学習の成果を上げている児童生徒の特長などを分析することで，その後のカリキュラム開発や教育方針を立てるためのエビデンスとしての活用が期待される。

　最後に，ICTと高速ネットワーク通信の整備による，遠隔教育の可能性についてもふれておこう。文部科学省が2020年に示した「遠隔教育システム活用ガイドブック第3版」では，「『遠隔教育に向けた施策方針』での遠隔教育の類型」として，「合同授業型」「教師支援型」「教科・科目充実型」「その他」を示している（表9.1）。遠隔教育を用いることで，子どもたちの学びや授業方法の選択肢がより多様となる。また，中山間地域や離島に所在する学校にとっても，物理的な距離による教育上の制限を解消する手だてとなりうる。こうした遠隔教育の仕組みを活用し，どういった人・地域・場所と交流していくかという点を含め，教師は授業をデザインしていく必要がある。

以上のように，Society 5.0で必要となる資質・能力を想定し，学校教育では ICT を活用した教育が導入され，子どもたちの学びの目的や方法が変化している。それでは，今後，情報社会が進展していくことにより子どもたちにはどのような能力が求められているのだろうか。

2　これからの社会を生きる子どもに求められる情報活用能力とは

　Society 5.0では，私たちは今よりもさらに情報技術やインターネットを活用する機会が増加すると予想される。こうしたなかで，子どもたちが身につけておくべき能力として，**情報活用能力**があげられる。情報活用能力は，現行の学習指導要領において，言語能力，問題発見・解決能力と並んで学習の基盤となる資質・能力に位置づけられている。具体的に情報活用能力とは，「世の中の様々な事象を情報とその結び付きとして捉え，情報及び情報技術を適切かつ効果的に活用して，問題を発見・解決したり自分の考えを形成したりしていくために必要な資質・能力」（文部科学省，2017，50頁）であり，「将来の予測が難しい社会において，情報を主体的に捉えながら，何が重要かを主体的に考え，見いだした情報を活用しながら他者と協働し，新たな価値の創造に挑んでいくためには，情報活用能力の育成が重要」（文部科学省，2017，50頁）であることから，教科等の専門的な知識ではなく，社会で生きていくためにすべての人に共通として必要な力であると捉えられる。

　さらに，情報活用能力の要素について，文部科学省（2020c）が「知識及び技能」「思考力，判断力，表現力等」「学びに向かう力，人間性等」に対応する形で分類を行っている（表9.2）。これをふまえると，情報活用能力には，「情報を自己の目的のために上手に使っていく力」と「情報を活用することによるトラブルやリスクを避ける力」が含まれていると考えられる。前者については，児童生徒自身が授業のなかでキーボード入力などの基本的な機器操作スキルを身につける，インターネット検索や ICT を活用して探究活動を行う，**プログラミング教育**を通じて問題解決のために必要な手順や処理の方法について考える，といった学習内容が想定される。Society 5.0においても，次々と誕生す

表9.2 情報活用能力の要素の例示

分 類			
A. 知識及び技能	1	情報と情報技術を適切に活用するための知識と技能	①情報技術に関する技能 ②情報と情報技術の特性の理解 ③記号の組合せ方の理解
	2	問題解決・探究における情報活用の方法の理解	①情報収集，整理，分析，表現，発信の理解 ②情報活用の計画や評価・改善のための理論や方法の理解
	3	情報モラル・情報セキュリティなどについての理解	①情報技術の役割・影響の理解 ②情報モラル・情報セキュリティの理解
B. 思考力， 判断力， 表現力等	1	問題解決・探究における情報を活用する力 （プログラミング的思考・情報モラル・情報セキュリティを含む）	事象を情報とその結び付きの視点から捉え，情報及び情報技術を適切かつ効果的に活用し，問題を発見・解決し，自分の考えを形成していく力 ①必要な情報を収集，整理，分析，表現する力 ②新たな意味や価値を創造する力 ③受け手の状況を踏まえて発信する力 ④自らの情報活用を評価・改善する力 等
C. 学びに向かう力， 人間性等	1	問題解決・探究における情報活用の態度	①多角的に情報を検討しようとする態度 ②試行錯誤し，計画や改善しようとする態度
	2	情報モラル・情報セキュリティなどについての態度	①責任をもって適切に情報を扱おうとする態度 ②情報社会に参画しようとする態度

出所：文部科学省，2020c，2頁

る情報技術に対して，それらを活用しながら自己の生き方をよりよくしていくことが重要であろう。

　しかし，こうした新しい情報技術を活用するなかで，悪用することやトラブル，犯罪に巻き込まれてしまうというリスクも想定される。そうしたリスクと上手に付き合っていくために，後者に示した「情報を活用することによるトラブルやリスクを避ける力」が重要となる。具体的には，**情報モラル**や**情報セキュリティ**などが該当する。最近では，調べた内容や自分の意見を SNS やブログを通じて情報発信する機会も増えてきた。そのなかで，多くの人が閲覧する状況での適切な情報発信の方法を習得することや適切な情報発信に留意しようとする態度を育成することが求められる。さらに，集めた情報やクラウド上でデー

タを共有する際に情報を適切に管理するための意識も身につけておく必要がある。たとえば，自分が使用する情報端末のパスワードの管理やコンピュータウイルスへの対策などが該当するだろう。

　また，インターネットを活用した情報検索を行う際に，その情報を多角的・多面的に捉える**メディア・リテラシー**も子どもたちが身につけておくべき大切な能力である。インターネット上では，利用者個人の検索履歴やクリック履歴などから優先的に表示されるコンテンツを取捨選択する**フィルターバブル**や自分と似た興味や思考をもった利用者の情報を取得していくなかで社会全体に自分と似た意見が多数あるかのように錯覚してしまう**エコーチェンバー**といった特徴が指摘されている（総務省，2019，102頁）。こうした特徴により，インターネットで収集した情報だけを頼りに行動することで，虚偽の情報に騙されてしまったり，周囲に悪影響を与えてしまう可能性がある。インターネット上で情報を検索する場合にも，すべての情報を鵜呑みにするのではなく，情報の出所を調べたり，複数の情報源をもとにして，情報の信憑性を確かめたりすることが大切である。また，情報を受け取るだけではなく，自分がその情報を拡散する立場になることも留意するべきである。たとえば，地震や台風などの災害が発生した際に，その被害状況や物資の在庫状況に関する情報がSNSなどで拡散される場合がある。このとき，多くの人へ情報を広めたいという善意の気持ちから，情報を拡散に注力してしまう場合がある。しかし，もしもこの情報が虚偽であった場合，多くの人を誤った情報により誘導してしまう可能性があるため，拡散する前の情報の見極めには慎重になる必要がある。こうした情報の見極めに関する力は，知識を与えられてすぐに身につくものではなく，日ごろから目にする情報を批判的に捉える練習を行うことが大切である。

　情報活用能力を子どもたちに身につけさせるためには，座学として知識を伝達するだけではなく，日常的なICT端末を通じて，実践的・体験的な指導が必要となる。GIGAスクール構想により導入された1人1台端末を活用し，発達段階や学年に応じて，「授業で考えたことをチャットによりクラスの友達に発信する」「広報活動としてポスター作成を通じて委員会や部活動の情報を発

信する」「HPを通じて学校のニュースを地域・社会に発信する」のように段階的に取り組んでいくことが望ましい。このとき，教師は情報発信のための技術を指導するだけではなく，子どもたちの情報モラルや情報セキュリティに関する指導を行うとともに，学校や学級でのルールづくりや家庭・保護者との連携を通じて，組織的にトラブルやリスクへ対応していく必要がある[3]。

　このように情報活用能力には，これからの情報社会で生きていく子どもたちにとって必要な要素が広く含まれており，こうした要素はSociety 5.0の時代においても不可欠である。大切なのは，「プログラミングスキルのみがすぐれた子どもを育成すればよい」や「SNSのトラブルにあわないために子どもたちの利用を一切禁止すればよい」といった"情報活用"と"情報モラル"のどちらかに偏った考え方ではなく，両者の視点をもった情報活用の育成を行うべきということである。学校教育は教室のなかだけではなく，学校を卒業したあとにも，よりよく生きるために必要となる資質・能力を身につけさせるべきであり，情報活用能力についてもこうした視点をもって教師は指導を行っていく必要がある。

3　Society 5.0に向けて求められる教師の資質・能力や役割とは

　本章の最後にSociety 5.0に向けたGIGAスクール構想や情報活用能力の育成のために教師が身につけるべき資質・能力や担うべき役割について述べていく。

　まず，**教師のICT活用スキル**があげられる。第1節で概観したとおり，GIGAスクール構想により，学校現場でのICTの導入が進められているなかで，授業や校務で教員自身がICTを活用する場面が増加する。こうした場面において，効果的なICT活用の方法を知るだけではなく，実際に教師がICTを活用できる必要がある。このスキルには，タイピングや資料の投影のような単純なものから，複数のテクノロジーを用いて授業や校務を効率的・効果的に行う複合的なものまで幅広く含まれる。こうした基本的なスキルから応用的なスキルまで網羅的に身につけておくことが，これからの教師には求められるだろう。

また，**教師のICT活用に対する態度**も重要な要素である。Society 5.0では，次々と新しいテクノロジーが出現することが予想される。こうした新しいテクノロジーに対して，受け身ではなく，学校教育のなかで活用できる要素を考え，積極的に活用していく態度が求められるだろう。その一例として，近年では，AIを学校教育へどのように活用していくかが課題である。現時点では，それほどAIが学校教育に普及しているとはいえないものの，今後はその活用方法や枠組みが検討されていくだろう。AIが学校教育に普及することにより，情報検索や問題解決を行うことが，今よりも容易になるかもしれない。わざわざ知識を頭に詰め込まなくても，瞬時に何でも情報を得られる環境になるかもしれない。しかし，こうした状況になったとしても，教員の仕事が新たなテクノロジーに取って代わられるのではなく，新たに教師に求められる役割は何かを考え続けることが求められるだろう。

　さらに，教師のICT活用に対する態度のなかには，**教師の情報モラル**も含まれる。第2節で述べたように，情報活用能力には，「情報を活用することによるトラブルやリスクを避ける力」が含まれていると考えられ，教師の情報モラルの欠如は児童生徒にも影響を及ぼすことが考えられる。とくに，授業などでは**著作権や肖像権**への配慮も大切である。たとえば，授業で使用する教材や学校のウェブサイトで使用する写真，保護者会で配布する資料には，どんな配慮が必要だろう。こうした点を理解していなければ，悪意がなかったとしても，知らず知らずのうちに法律や規則に違反している場合が考えられる。これを防ぐためにも，教師自身が情報モラルや関連する法律や規則を理解し，ICTを活用する際の適切な行動を示していくことが必要である。また，教室内に限らず，教師がプライベートで利用するSNSによる不祥事[2)]も報告されている。不適切な行動を防ぐためにも，「これくらいなら大丈夫だろう」といった安易な判断ではなく，「この先にどんなリスクがあるか」を常に考え，自律的な判断を行うことが求められる。

　このように教師側へICT活用スキルや情報モラルが求められる背景には，**ヒドゥン・カリキュラム**の影響が想定されるからである。ヒドゥン・カリキュ

ラムは，一般に教師の意図にかかわらず，児童生徒が暗黙的に学びとっていく事柄をさすが，ICT 活用においてもこの影響を考慮すべきであろう。GIGA スクール構想において，児童生徒の ICT 活用が進められているにもかかわらず，教師自身が ICT 活用に消極的であったり，情報モラルを意識しない言動がみられた場合には，児童生徒の意識にも影響を及ぼすと考えられる。換言すれば，教師が見本となるような ICT 活用やそれに伴う態度を示していくことで，児童生徒が日常的にその姿勢を学び取ると考えられる。「情報技術やテクノロジーを用いて学習を効率化する」「ICT を活用して日常生活を豊かにする」といった"活用の側面"と「人の話を聴くときには自分の情報端末は使用しない」「ICT 端末は大切に扱う」といった"モラルの側面"に対して，明示的に指導しつつも，教師がモデルとなるような姿勢をみせることが必要となる。

　ここまで，授業や学校での ICT の活用を中心に述べてきたが，Society 5.0 に向けて教師に求められる資質・能力や役割は，ICT 活用スキルに関連するものだけではないことにも留意する必要がある。AI やテクノロジーの発展により，さまざまな知識や問題解決の方法を得られやすくなる一方で，何を課題として設定するかといった**課題設定力**や得られた知識をどのように活用するかといった**創造力**がより重要となるだろう。また，遠隔ツールを通じて遠方の人材や組織との交流が可能になるため，学校外部の人材リソースを活用し，学習へつなげていく**マネジメント力**が必要になると考えられる。これらの力を総合的に発揮しながら，社会の変化にも目を向け，子どもたちとともに学び続けていく役割が教師には求められてくるのではないだろうか。

　教員 1 人ひとりが上記の資質・能力や役割を身につけていくためには，個人の意識だけではなく組織としての対応も必要である。ICT を活用した授業設計や情報モラル，校務の情報化，それらに向けて教員がめざすべき姿など，**校内研修会**や自治体の情報提供等の機会を活用し，学校全体で学び，考え，共有していくことが求められる。

　これまでの学校教育は，社会の変化に伴い，その目的や内容も変化してきた。Society 5.0という新たな社会のステージのなかで，「ICT」や「情報活用」を

キーワードに学校や教師の役割は，これまでとは変わってくることは確実である。そのなかで，教員をめざす立場にある皆さんが，Society 5.0という社会を具体的にどのようなものになると予想し，社会的な課題や求められる人物像をどのように捉えているだろうか。まずは，これからの社会の動きをしっかりと把握し，新たなテクノロジーやそれに伴う課題について，自分の考えを深めていってもらいたい。

本章を振り返る問い
　現在，あなたが関心をもっている情報技術やテクノロジーには，どのようなものがあるだろう。また，それらを学校教育に応用するとすれば，どのような利点や課題が生じるだろうか。

注
1 ）GIGA スクール構想の "GIGA" とは，「Global and Innovation Gateway for All（全ての児童・生徒のための世界につながる革新的な扉）」の略である。
2 ）具体例として，SNS を通じた生徒との私的なやりとりによるセクシャルハラスメントや SNS 上での不適切な書き込みによる炎上などがあげられる。
3 ）最近では，デジタル・シティズンシップという考え方も登場しており，従来のような子どもたちの ICT 利用を規制するのではなく，行動の善悪を自分で判断する力を身につけさせることや上手に活用しながら社会へ参画する指導が求められている。

参考・引用文献
稲垣忠・佐藤和紀編著『ICT 活用の理論と実践―DX 時代の教師を目指して』北大路書房
総務省（2019）『情報通信白書〈令和元年版〉ICT 白書―進化するデジタル経済とその先にある Society 5.0』102頁
中央教育審議会（2021）「『令和の日本型学校教育』の構築を目指して～全ての子供たちの可能性を引き出す，個別最適な学びと，協働的な学びの実現～（答申）」https://www.mext.go.jp/content/20210126-mxt_syoto02-000012321_2-4.pdf（2023年 5 月30日 最 終 閲覧；以下の URL も同様）
文部科学省（2017）『小学校学習指導要領（平成29年告示）解説　総則編』50頁
――（2020a）「『GIGA スクール構想』について」 1 頁，https://www.mext.go.jp/kaigisiryo/content/20200706-mxt_syoto01-000008468-22.pdf
――（2020b）「遠隔教育システム活用ガイドブック第 3 版」https://www.mext.go.jp/content/20210601-mxt_jogai01-000010043_002.pdf
――（2020c）「学習の基盤となる資質・能力としての活用情報活用能力の育成―体系表例とカリキュラム・マネジメントモデルの活用―」 2 頁 https://www.mext.go.jp/content/20201002-mxt_jogai01-100003163_1.pdf

地域・保護者とコラボレートする教師

学校で教育を行うのは教師だけか

① 学校と地域・保護者との連携・協働のための仕組み

　昨今わが国の教師は，諸外国や他業種との比較からその労働時間の長さや仕事内容の多様さが指摘されている。授業に限らず，校務分掌や保護者対応などさまざまな仕事に取り組んでいる実態がある。そういった事情に加え，教師不足や教師志望者の減少など，教師の成り手不足に関する報道を聞く機会も増加している。

　2014年に静岡県の小中学校の教師を対象に行われた調査（山﨑，2023，276-281頁）では，教師が「自分の実践上にゆきづまりを感じたこと」に対し，その内容にあげられた上位3つは「特別支援を要する子の指導」「子どもの能力差に対応」「保護者の対応」であった。また，この調査では「最近，教師をやめたいと思ったことの『理由』」についても尋ねており，その結果，上位3つは「仕事量が過重」「実践上のゆきづまり」「健康に自信がなくなった」であった。回答した教師の年齢によっての違いもあるが，多様な支援が必要な子どもへの対応や保護者への対応，仕事量の多さが教師を悩ませていることがわかる。

　このような教師の労働環境を改善するため，地域や保護者また教育・福祉にかかわる専門職者や外部との関係機関との連携・協働が進められている。2015年12月，中央教育審議会より示された「チームとしての学校の在り方と今後の改善方策について（答申）」において，教師に加え学校にさまざまな専門性をもつ職員を配置し教師と職員が1つのチームとして，子どもたちの教育に取り組んでいく必要性や地域や学校外の専門機関とも連携・協働する必要性が示された。このような動きを受け，現在，学校では地域住民の学校教育へのかかわりの強化，教師と**スクールカウンセラー**（SC）のより一層の連携，学校と家庭との間に入り適切な支援を導く**スクールソーシャルワーカー**（SSW）と連携する動きなどが広がっている。

子どもたちの豊かな成長と発達において、やはりカギとなるのは子どもにとって身近な地域や保護者との連携・協働である。多くの子どもが学区の地域内で過ごし、保護者のもとで生活をしている。これまでも学校教育のさまざまな場面において、地域・保護者との連携・協働が行われてきた。たとえば、登下校時の見守りや防犯パトロール、学校行事の運営サポート、「総合的な学習の時間」の授業における特別講師などがある。また、特定の授業に限らず普段の授業の支援を地域や保護者が担う例もみられる。

　地域や保護者などその学校の教師ではない者が学校の運営にかかわる仕組みとして、2000年より学校評議員制度が開始した。この制度では、学校評議員は校長の求めに応じ校長が行う学校運営に関して意見を述べることができるものであった。そして、この「学校評議員制度を発展させた仕組み」として2004年より学校運営協議会を設置する**コミュニティ・スクール**が導入された（佐藤、2019、5頁）。この学校運営協議会（以下、協議会）の委員は、地域の住民、保護者などから選ばれることになっている。そして、協議会には、①校長が作成した学校運営の基本方針を承認すること、②教育委員会や校長に学校運営に関して意見を述べること、③教職員の任用に関して任命権者に意見を述べること、という主に3つの機能がある。現時点において、協議会は各学校が必ず設置しなければいけないものではないが、設置する学校数は年々増加している。そのほかに、学校が自らの取り組みを評価しその情報を公開することを目的にして、2007年より学校評価制度が開始している。このように、現在では制度的に地域・保護者が学校の運営に直接的にかかわる仕組みが整えられてきている。

② 保護者がおかれている状況

　安全や防犯の観点から、学校は外部から閉ざされているという考えをもつ者もいると思われる。しかし、自らの教育体験を振り返ったときに、小学校に読み聞かせのボランティアが来てくれたり、運動会や文化祭の運営に地域や保護者がかかわっていたり、職業体験の授業として地域のお店や会社に行ったりした経験をもつ者も少なくないだろう。また、授業や放課後に、地域住民や大学生のボランティアが学習のサポートをするために自分のクラスに来てくれたと

いう経験をもつ者もいるのではないだろうか。この背景として，2004年のコミュニティ・スクールの導入，2007年の放課後子ども教室推進事業などがあげられる。

　現代社会において，各家庭や子どもがおかれている状況は非常に複雑である。2022年の国民生活基礎調査の結果によると，「18歳未満の未婚の者のいる世帯」について，2007年と2022年を比較すると次のようになる（表10.1）。

表10.1　「18歳未満の未婚の者のいる世帯」の推移

	夫婦と未婚の子どものみの世帯	三世代世帯	母親の仕事あり
2007年	69.2%	20.0%	59.4%
2022年	78.1%	11.1%	75.7%

出所：厚生労働省「国民生活基礎調査　2022年」に基づき筆者作成

　これまでも核家族の増加はいわれてきたが，この15年でも夫婦のみで子育てをしている家庭が増えており，2022年は約8割にものぼり，7割以上の家庭が共働きであることがわかる。このような結果から，親とその子どもだけで生活する世帯が大半であり，その多くが共働き家庭である。そのため，多くの保護者は日中仕事に忙しくしていることが考えられる。家庭によっては，その忙しさのために保護者は地域で十分なコミュニティを形成できていない可能性もある。このような保護者の心境を考えると，学校に対して子どもの教育に寄せる期待が高くなり，求める役割が大きくなることは想像にかたくない。

　先に紹介した調査データを思い出すと，多くの教師が保護者対応のむずかしさを指摘している。昨今，耳にするマルトリートメントや児童虐待の問題や「毒親」という語など，さまざまな事情で家庭が子育てに関する機能不全となっている状況も否定できない。こういった問題は，一人の教師や学校だけで解決できる問題ではない。解決には，スクールソーシャルワーカーの支援や児童相談所などの外部機関との連携・協働が必要不可欠である。

　一人の教師では，子どもやその家庭の解決を図ることはできないが，問題をかかえた状況下にある子どもや家庭に寄り添い理解する必要がある。現実の学校は，さまざまな仕事をかかえており，教師の力だけで子どもの教育を十分に果たすことは困難である。諸外国のなかでは，教師の仕事は授業が中心であるため，日々のしつけは家庭の責任であり，学校側は関与しない場合もみられる。

しかし，日本においてはよりよい社会にしていくため，学校が子どもや家庭に寄り添い，関係する人々とともに少しでも前に進めるようにするために一緒に歩みを進めてきた歴史がある。また，それがわが国の教師の専門性でもある。さまざまな問題が日々起こり，複雑な社会だからこそ，学校と地域・保護者が連携・協働して子どもの教育を担っていくことが重要である。

③ コミュニティ形成に向けて

ここまで，学校と地域・保護者が連携・協働の必要について述べてきたが，学校の行事や授業に地域住民や保護者が参加することは，教育活動を充実させるだけではなく，参加者同士がコミュニティを形成する機会でもある。学校にいる子どもや教職員だけではなく，地域住民や保護者にも自己肯定感を高めてもらうことが，学校と地域・保護者との連携を強めることにつながるだろう。昨今では，学校行事を「学校応援団」や保護者の会（たとえば，「おやじの会」）がサポートする事例もみられ，教育活動を充実させ，地域や保護者の交流を促進する役割を果たしている。しかし，こういった学校をサポートする団体と学校関係者との足並みが揃わないと，かえって学校の教職員にとっての負担の増加や双方のフラストレーションをためることにもつながってしまうことがある。また，先に述べたようにさまざまな事情から学校をサポートする活動に参加できない家庭もあり，そういった家庭に孤独感や孤立感を与えないような，活動は任意参加とすることや情報提供などのサポートも求められる。

教師は子どもたちと多くの時間を過ごすが，公立学校の場合は異動もあり，どうしてもかかわりはその学校に在籍している期間に限られてしまう。かたや地域住民は，その学校がある地域で暮らし続ける人も多く，その学校や地域と長い期間かかわることになる。そういう意味でも，地域住民はその地域の学校教育を支える重要な立場である。

昨今，新型コロナウイルス感染症が学校教育に危機をもたらした。これまで当然に行われていた対面での授業がむずかしくなった。ヒトとモノも交流が途絶え，さまざまな地域でみられた学校をプラットホームとした教職員，地域住民，保護者との交流ができなくなってしまった。しかし，直接会って話をする

ことがむずかしくなった一方で，インターネットを介したメールやアプリを使用した連絡方法（出欠確認，資料の配布）を行うようになった学校がみられた。文部科学省が主導している GIGA スクール構想の動きもあり，新型コロナウイルス感染症に対する理解が広まった現在では，このときの経験をふまえた ICT を活用した学校運営も広くみられるようなった。情報手段が限られていたときには，多くの学校はやむをえずウェブサイトや SNS などによって情報を発信する必要があったが，その結果として学校がさまざまな方法で情報発信をする手段を知り，活用することにつながった。地域・保護者はこれまで以上に学校の情報を入手しやすくなり，連携・協働を強める効果につながっている。

　残された課題として，コミュニティ形成の場である学校が少子高齢化のもと学校統廃合が進められ，コミュニティの場が心理的にも物理的にも形成しにくい環境が生じていることである。ICT 機器の活用がさまざまな可能性を広げると思われるが，どう乗り越えてゆくのかが今後の学校教育の課題である。

2　身近なモノとヒトとが学びになるとは

① 身近なモノとヒトから社会へ

　前節では，学校教育における地域・保護者との連携のあり方を取り上げたが，本節では地域を教材にすることの意義や地域を教材にするために必要な教師の能力について述べる。

　子どもたちにとって，日常の生活の大半は住んでいる地域で行うものである。授業で日々の生活や地域を取り扱う活動として「**生活科**」（小学校のみ），「**総合的な学習の時間**」（小学校・中学校）があげられる。まず，これらの教育活動ではどういったことがめざされているのか，学習指導要領に基づいて確認する。

　「生活科」は小学校１・２年生で行われており，平成29年告示の小学校学習指導要領の「生活編」の目標において次の内容が示されている。

　　具体的な活動や体験を通して，身近な生活に関わる見方・考え方を生かし，自立し生活を豊かにしていくための資質・能力を次のとおり育成することを目指す。

(1)　活動や体験の過程において，自分自身，身近な人々，社会及び自然の特徴や
　　よさ，それらの関わり等に気付くとともに，生活上必要な習慣や技能を身に付
　　けるようにする。
(2)　身近な人々，社会及び自然を自分との関わりで捉え，自分自身や自分の生活
　　について考え，表現することができるようにする。
(3)　身近な人々，社会及び自然に自ら働きかけ，意欲や自信をもって学んだり生
　　活を豊かにしたりしようとする態度を養う。

　また，授業のなかで扱う内容として「学校，家庭及び地域の生活に関する内
容」「身近な人々，社会及び自然と関わる活動に関する内容」「自分自身の生活
や成長に関する内容」の３点が示されている。これらのことから，「生活科」
は子どもたちの身近なモノとヒトとのかかわりを通して生活を豊かにする資
質・能力の育成がねらいとされていることがわかる。
　つぎに，「総合的な学習の時間」（以下，「総合」とする）に関して，こちらは
小学校３年生から６年生および中学校で行われており，平成29年告示の小学校
と中学校の学習指導要領「総合的な学習の時間編」の目標には次の内容が示さ
れている。

　探究的な見方・考え方を働かせ，横断的・総合的な学習を行うことを通して，
よりよく課題を解決し，自己の生き方を考えていくための資質・能力を次のとお
り育成することを目指す。
(1)　探究的な学習の過程において，課題の解決に必要な知識及び技能を身に付け，
　　課題に関わる概念を形成し，探究的な学習のよさを理解するようにする。
(2)　実社会や実生活の中から問いを見いだし，自分で課題を立て，情報を集め，
　　整理・分析して，まとめ・表現することができるようにする。
(3)　探究的な学習に主体的・協働的に取り組むとともに，互いのよさを生かしな
　　がら，積極的に社会に参画しようとする態度を養う。

　「総合」は授業の進め方として，それぞれの子どもが探究課題を設定して学
習を進めていくが，その探究課題について，日常生活や社会とのかかわりを重
視することが示されている。そして学習指導要領において，授業のなかで扱う
内容として小学校では「学校の実態に応じて，たとえば，国際理解，情報，環
境，福祉・健康などの現代的な諸課題に対応する横断的・総合的な課題，地域

の人々の暮らし，伝統と文化など地域や学校の特色に応じた課題，児童の興味・関心に基づく課題などを踏まえて設定する」とされている。

教育の目標やその扱う内容について「生活科」から「総合」と続く流れでみていくと，年齢や発達段階に伴い子どもの生活圏や視野が広がるにつれ，最初は身近なモノとヒトとのかかわりであったものが，次第に広く社会へとつながっていくことがわかる。

② 地域を学びの場にするために必要な教師の能力や考え方

前節で紹介したように，「生活科」から「総合」とつながり，子どもたちがかかわる世界が広がっていくことがわかる。もちろん教師もこの子どもたちの世界の広がりに合わせて，教育につながるヒトやモノを広げていく。小学校では身近なヒトや地域が教材であるが，次第に広く社会にかかわるヒトやモノへと世界が広がっていき，それだけ多種多様な関係者や有識者との連携・協働が必要となる。「総合」に関しては，教科書がない。授業で扱う内容は教師自身が決める必要がある。かかわるモノとヒトを学びにつなげること，また「総合」のように教科書がない学びを進めることは，教師が子どもとともに答えのないの探究活動に取り組むことである。そのため，ほかの教科・科目の教育の発想からの転換が必要である。教科書がない以上，身につけさせたい知識や能力が具体的に示されていない。教師自身が今の社会や世の中に広くアンテナをはり，今後の社会を担っていく子どもたちに必要な知識や能力は何かを考え，そのうえで目の前の子どもたちの課題は何か，子どもたちが求めているものは何かを見取り，教育に反映させていく必要がある。

各教師には，自分の被教育体験を繰り返すのではなく，教育を創っていくためのブレインストーミングが求められる。それは教師一人だけで行うには限界がある。ほかの教師とともに試行錯誤しながら，知恵を出し合い，ときに子どもたちとぶつかりながら道を模索していく作業といえるかもしれない。今後の社会を担う知識や能力を考えることや，それらを身につけるための教育は教師だけでは十分な活動は成立しない。さまざまな専門家や外部機関との連携・協働が大きな助けになる。そのため，充実した教育を実践していくために，教師

にはさまざまな能力が求められる。ここでは，3つ例示したい。

1つは，教育の目標や学習の進め方を定めていく能力である。今後の社会を担っていくうえで，目の前の子どもたちに必要な知識や能力は何か，その知識や能力を身につけるために教師自身がどのような役割を果たすのかを考え，実践していく力である。わが国における少子高齢化，急激な情報化とともにグローバル化を迎え人間関係のあり方が変わってきている。また，インターネット上に膨大な情報量を保持できるとともに生成AIが登場し，知識の価値やあり方も変わってきている。そういった社会の状況において，教師は学校で身につけるべき知識や能力とは何かということを考え，そのための教育を行っていく必要がある。

2つは，新しいことを子どもとともに追究することを楽しむ能力である。探究的な学習において明確な正解はない。科学の進歩と同様に，今日の正解は明日には誤った解答であるかもしれない。絶対的な正解はないため，認識や価値観の変容が求められる状況が想定される。こういった状況に柔軟に対応し，変化をおそれない心構えも求められる。追究を続けていくなかでさらに新たな問いや課題が見つかることもある。そういった学習プロセスを子どもとともに楽しみながら取り組むことができる能力が必要である。

3つは，学校内外の人々との連携を行うコミュニケーション能力である。世の中にある問題や課題は，学校の関係者だけでは解決できないことばかりである。そういった課題を追究するうえで，地域や保護者の人々や学校の外部の関係者や専門家から協力や知恵を得ることによって，学びに深まりが生まれるとともに活動が真に迫る真正な学びとなると考えられる。

3　誰とコラボレートするのか

① 支援員とのコラボレート

これまでの節において，現在の学校がかかえる課題を解決し，求められている役割を果たすには，保護者・地域，学校外の専門家の協力が必要であること，また教師はそれらの人々と連携・協働する能力が必要となることを述べてき

た。そういった連携・協働が現在の教師の長時間労働の解消や学校教育の充実につながることも述べてきた。

この節では，改めて学校の教職員の役割や位置受けに注目する。小中学校に限った話であるが，学校教育法（第7条，第37条，第49条）によると，学校には校長，教頭，教諭，養護教諭及び事務職員をおかなければならないこととされている。そして，副校長，主幹教諭，指導教諭，栄養教諭そのほか必要な職員をおくことができるとされている。昨今の学校では，学校の仕事をサポートする非常勤の職員やボランティアなどもともに働いている。

神奈川県の例であるが，専門的な資格を有する「サポートスタッフ」として「スクールカウンセラー（SC）」「スクールソーシャルワーカー（SSW）」「外国語指導助手（ALT）」，特別支援教育における「看護師」などがあげられている。そして，これらの専門的な資格者も含め，サポートスタッフの職種分類として，次の16項目を示している（神奈川県教育文化研究所，2016，2-8頁）。

①スクールカウンセラー等（カウンセリングの専門性を生かした相談），②心の相談員等（不登校等悩みに対する相談等），③いじめ支援非常勤講師等（いじめの未然防止や対応），④スクールソーシャルワーカー等（福祉等の専門性を生かした相談，又はサポート），⑤学校司書等（図書館の運営，読書指導等，又は補助業務），⑥外国語指導助手等（ネイティブによる英語指導，国際理解，又は補助等），⑦日本語指導員等（外国籍の子ども等の日本語指導），⑧部活動指導員等（専門的知識・技能等の指導・支援），⑨ICT支援員等（ICT機器の活用，又は授業の支援），⑩学習指導員等（授業又は学習の支援，又は学級運営が困難な学級の支援），⑪通常学級支援員（介助員含む）等（通常学級等の支援を要する子どもの支援・介助等），⑫特別支援学級支援員（介助員含む）等（支援の必要な子どもの介助・支援等），⑬理科支援員等（観察・実験等の支援，又は指導力の向上），⑭学校体育指導協力者等（安全や技術指導等の向上），⑮看護師等（医療的ケア，宿泊学習付添，アレルギー対策等），⑯安全対策嘱託員等（学校管理・安全対策，登下校等）

この分類とそれぞれの仕事内容をみても，いかに学校が多種多様な仕事に取り組んでいるのか見てとることができる。第1節で，教師が仕事に対しゆきづまりを感じる理由に保護者対応があげられていたが，こういった状況が起きてしまう背景について考えてみる。たとえば，教師も保護者も基本的には子ども

の教育や幸福を優先することに変わりはない。しかし，それぞれの立場や状況によって，さまざまな課題をかかえ，トラブルにつながる可能性がある。たとえば，次のような子ども同士でのトラブルが発生したとき，教師と保護者とが対立してしまう可能性がある。

○トラブルの内容
　教師がいないところで，AさんがBさんに対し悪口を言ったことがきっかけに言い合いになり，BさんがAさんに暴力をふるってしまった。騒ぎを聞きつけてやってきた教師は，別室でその一連の流れをみていたCさんとDさんに話を聞き，AさんとBさん双方の言い分を聞き，AさんとBさんにそれぞれの自身の非を確認させ謝らせた。対応した教師はその場で，AさんもBさんも仲直りしたように見えたため特に管理職やAさんやBさんの保護者に報告や連絡を入れなかった。
　その日の夜に，Aさんは自分の保護者に対し，Bさんに悪口を言ったことは伝えず，暴力を振るわれたことだけを伝えた。すると，翌日Aさんの保護者から対応した教師に，Aさんが暴力をふるわれたことに対するお叱りの電話が入った。

　上記のようなことは，AさんとBさんの対応が終わったあとに，管理職やAさんやBさんの保護者に報告をしていれば済む話であったかもしれないが，これは日常的に起こりうるトラブルの例である。教師は，担当する子どもたち全員が安心して過ごせることを重視しているが保護者は自分の子どもを優先してしまうため，トラブルにつながることがある。実際の学校では，いじめ問題，保護者の虐待や貧困の問題，それらの両方が複雑に関係した問題など，さまざまなトラブルが発生している。トラブルの内容によっては，スクールカウンセラーやスクールソーシャルワーカーがあいだに入り教師（かかわる子ども全員の教育目標の達成）と保護者（わが子やわが家を優先）をつなぎ，教師と保護者とのよりよい関係性を導いたり，双方に求められる理解や対応を調整したりすることが必要である。

　現在，学校にはさまざまな支援員が教育活動を支援している。教師にはさまざまな支援員と連携協力できる関係をつくること，自分で担当する仕事と支援員に任せる仕事を差配する能力が求められる。

② 大学生だからこそできること

　現在，大学生が学校に行きボランティアをする活動が広がっている。活動が広がりはじめたときは，放課後の補習の担当や授業中に特別な支援が必要な子どもたちの学習支援であったが，現在では多様な活動が取り組まれるようになっている。活動の主催者も，大学が授業の一環として取り組む活動，地域の教育委員会が募集している活動，学校独自で依頼している活動など多様である。基本的には，活動の主催者が用意する活動内容をふまえ，大学生が希望する活動に取り組むものである。活動内容の例として，先に述べた補習や特別支援教育に加え，理科の実験補助，部活動指導の支援，ICT 機器が活用される現在ではそういった機器のサポートや学校のホームページの更新を任されるケースもみられる。

　こういった活動は大学生にとって，現実の学校教育現場を参観できる機会である。実際の子どもたちや教師と接することができ，教育活動に取り組むことができる。教師の仕事を体験できることであり，教師に求められる知識や能力を理解することでもある。教師に求められる知識や能力を理解することは，実際に教師になった際のリアリティショック（実際にその仕事に就く前のイメージと実際にその仕事に就いた後の現実とのギャップで，大きなショックを受けること）の軽減につながる。また，自身の教職への適性を確認することにもつながる。本章のなかでも話題にあげているが，教師の労働環境が社会的な課題となっているが，現実の教師の多くは教師に誇りとやりがいを感じて仕事をしている。実際に学校のなかに入り，現役の教師とともに教育を行うことによって，教職に対する思いや考えを捉え直すことにもつながる。これは自身の進路を考えるうえで，貴重な経験となる。また，ボランティアの経験は，大学のほかの授業における学習意欲の向上や大学における学びの目的意識を形成していくことにもつながる。

　いっぽうで，ボランティア活動の課題として，学生に学校特有の価値観や考え方が身についてしまうことがあげられる。これは教師をめざす者にとってよいことと考えられるかもしれないが，社会的に課題であるとされているものに

対し，なぜ問題であるのかということを捉えにくくなってしまうことが危惧される。たとえば教師の働き方に関して，労働時間の問題（やりがい搾取など）が報道で取り上げられているが，学校現場ではそういうものであると許容されてしまっている現実もみられる。部活動の問題であれば，労働時間や手当のこともさることながら，本来指導者となるためには専門的なライセンス制度がある競技であっても，その競技を経験のない教師が勤務している学校から顧問として役割を割り振られている。本来はその競技を指導することの是非も議論されてしかるべきである。こういった学校現場では“仕方がない／そういうものだ”とされていることを，実際の学校における文化や価値観を身につけることによって課題として対象化しにくくなってしまうことが懸念される。

　大学生のときに積極的に学校でボランティア活動に取り組むことは，学校教育の目標やその目標達成のために取り組まれていること，学校で働いている教職員や支援員の様子，教師の仕事内容や役割についての理解を深めることができる。しかし，そこで理解した役割を理解し体現していくだけでは，現在の学校がかかえる課題を解決することにはつながらない。教師になる者は，今後の社会を担っていく子どもたちの教育を行うため，自分自身が現在の課題を捉え解決していく実践者であり，新しいことも柔軟に学び続ける学習者であることが求められる。昨今では，ICT を活用した新しい教育が登場し，学校における学びの方法や内容は大きく変わりつつある。今一度，学校でしかできない学び，学校だからこそ実現できる学びとは何かを考え，それを行うための新しい学びを創出していく必要がある。

本章を振り返る問い

❶あなたが生まれ育った地域または現在住んでいる地域の特徴を周りの人に説明してみよう。特徴について説明する際には，たとえば，歴史，名産品，地域行事など，具体的な情報を伝えよう。

❷小中学校の授業では「総合的な学習の時間」や「特別活動」の授業において，ゲストスピーカーを招くことがある。自分が受けてきた授業を振り返って，どういったゲストスピーカーが学校に来て，どのような話をしたのか，周りの人と話してみよう。

引用文献

神奈川県教育文化研究所　2015年度カリキュラム総合改革委員会「教育制度・教職員問題」
　　検討グループ（2016）『神奈川県におけるサポートスタッフの現状と課題』神奈川県教
　　育文化研究所，2−8頁

佐藤晴雄（2019）『コミュニティ・スクール〈増補〉改訂版—「地域とともにある学校づ
　　くり」の実現のために』エイデル研究所，5頁

山﨑準二（2023）『教師と教師教育の変容と展望—結・教師のライフコース研究』創風社，
　　276-281頁

「教職に就く」ということの基本
―教職の本質と組織のなかの教師

1　「教職に就く」ということは何を担うことを意味するのか

　教職をめざす人に志望理由を尋ねると，「子どもが好き」「教えることが好き」「自分の経験を子どもに伝えたい」といった理由をあげる人が少なくない。読者のなかで教職をめざしているあなたの場合はどうだろうか。

　本章では，「教職に就く」とはどういうことを意味するのかについて考えていきたい。その第一歩として，これらの代表的な志望理由について，次のように問われたらどう答えるかを考えることから始めたい。

> 問1：教職に就く理由を，「子どもが好きだから」「教えることが好きだから」「自分の経験を子どもに伝えたいから」と言えてしまう人は危険かもしれません。なぜでしょうか？

　「子どもが好き」な先生，「教えることが好き」な先生，「自分の経験を伝えてくれる」先生は，むしろよい先生ではないだろうか。何が危険なのだろうか。

　本書のこれまでの章で確認されてきたように，日本の学校教育は法律に基づいて営まれており，教職はそのシステムのなかで実際の教育という営みを担う職業として位置づいている。たとえば，日本国憲法第26条において，「すべて国民は，法律に定めるところにより，その能力に応じて，ひとしく教育を受ける権利を有する」と定められており，**教育を受ける権利**は基本的人権の1つとして捉えられている。そして，同条第2項において「すべて国民は，法律の定めるところにより，その保護する子女に普通教育を受けさせる義務を負ふ。義務教育は，これを無償とする」と規定されており，子どもの教育を受ける権利を保障するため，「子どもに教育を受けさせる義務」を保護者に課している。つまり，この教育制度の前提から考えれば，学校教育にたずさわる教員は，「子どもの教育を受ける権利を保障するための役割」を担っているといえる。

　教員の身分については，日本国憲法第15条2項において，「すべて公務員は

全体の奉仕者であって，一部の奉仕者ではない」とされ，地方公務員法第30条において，「すべて職員は，全体の奉仕者として公共の利益のために勤務し，且つ，職務の遂行に当っては，全力を挙げてこれに専念しなければならない」と規定されている。そして，教育職員免許法において，教員は，それぞれの学校の種類，教科などに応じた免許状を有していなくてはならない旨が規定されている。特別免許状や特別非常勤講師制度，免許外教科担任の許可や民間人校長の登用など，多くの例外的・特例的制度が設けられてはいるが，教員に任用資格を課すことで，一定の教育水準を維持しようとしている。

　また，「教職に就く」ということは，学校教育という制度体制のなかに参入し，そのシステム・組織の一員となって職務にたずさわることを意味する。教職に就いて働いている自分の姿と職場を想像すると，そこには校長や教頭といった管理職，学年主任や教務主任などの主任，同僚の教諭がおり，事務職員がいるといった，ある学校に配属されて働いている姿を一般的にはイメージするだろう。そうすると，「教職に就く」ということは，少なくとも学校という組織に所属し，学校運営上の校務も分担しながら（**校務分掌**），その組織の一員として働くことを意味し，その学校の経営方針や教育目標のもとで，また学年や教科等のチームの方針や目標のもとで職務にたずさわる構造がみえてくるだろう。さらにいえば，「その学校はどのような構造のなかに位置しているのだろうか／文部科学省や教育委員会との関係はどうなっているのだろうか／地域との関係はどうか」などといったさらに広い視点からみた場合の「教職に就く」ということの意味を考えることができれば，教職を志望する理由に「好きだから」とはまったく異なる深まりがもたらされることだろう。

　前原健三は，「組織としての学校」における教育実践について以下のように定義し，(a)〜(h)の構成要素が具体的に相互に関連しつつ教育実践が進行すると述べている（前原，2016，45頁）。

　学校教育実践とは一般的に，(a) 学校教育法に定める１条校において，(b) 日本国憲法・教育基本法・学校教育法等の教育関連法規に基づき，(c) 当該校種の目的・目標を具現化することを企図しつつ，(d) 一定の免許状・資格を有する教員

が，(e) 特定の学習者［幼児・児童・生徒・学生等］とその集団に対して，(f) 計画的な教育内容（教育課程）及び教材等を媒介に，(g-1) 校長（園長）の指揮及び (g-2) 家庭・(g-3) 地域社会・(g-4) 教育委員会等との連携・協力のもと，その成長と発達を日常的に支援・指導する (h-1) 全人格的でかつ (h-2) 組織的な行為である。

　このように，教職とは，特定の資格と身分を有した者が，「子どもの教育を受ける権利を保障するための役割」を，公教育というシステムのなかで特別な権限をもって学校という組織に所属して担っている職業であるといえる。

　では，「教職に就く」ということは，具体的に何を担うことを意味するのだろうか。教育基本法の第1条では，「教育は，人格の完成を目指し，平和で民主的な国家及び社会の形成者として必要な資質を備えた心身ともに健康な国民の育成を期して行われなければならない」とされ，第2条では，「教育は，その目的を実現するため，学問の自由を尊重しつつ」掲げられている目標を達成するよう行われるものとすることが規定されている。そして，学校教育法には，幼児教育（第22条・第23条），義務教育（第21条），高等学校（第50条・第51条），大学（第83条）などについて，それぞれ目的や目標が定められている。それらを具体的に確認するとともに，「子どもの教育を受ける権利を保障する」とは／「人格の完成を目指す」とは／「平和で民主的な国家および社会の形成者を育成する」とは／「学問の自由を尊重しながらたずさわる」とはといった問いについて具体的に考えることができれば，「教職に就く」ということが何を意味することになるか，自分なりの考えが具体化されていくだろう。

　以上，本節を通して確認してきたことから，教職は，教育を受ける権利という子どもの基本的人権を保障する社会的にきわめて重要な役割を担っている職業であるということがみえてくる。その意味で，子どもが好きな人や，教えることや育てることが好きな人が，「好きだから」という理由で好きなことを担うことが本質の職業ではない。その本質を理解していれば，「教職に就く」理由を尋ねられた際に，「好きだから」という表現ではなく，その本質に即した理由を答えることができるようになるだろう。

ここで最初の問1に立ち戻り，次のように表現を少し変えて考えてみるとわかりやすいのではないだろうか。

> 問2：教職は，「子どもが好き」な人，「教えることが好き」な人，「自分の経験を伝えたい」人のためにある職業でしょうか？

　こう問われると，「あっ，そうか」と気づく人が多いだろう。そう，これらの志望理由は，「教職に就く」ということが「自分の好みや希望，欲求をかなえる」ものとして位置づいた表現になっている。それは「自分にとっての」意味や価値であり，公教育として担う役割や組織の一員としての側面が意識されていない可能性がある。それらの側面についての理解が深まれば深まるほど，これらの志望理由の表現には本質とのズレが感じられ，違和感を覚えるようになるだろう。

2　教職の信頼はどのように確立されているのか

　第1節では，「教職に就く」ということが職業として何を担うことを意味するかについて考えた。では，そのような教職という職業に就いたら，具体的にどのようにその役割を果たしていくことになるのだろうか。

　教職の仕事の中核にある授業や学級経営，生徒指導について，「よい授業や学級経営，生徒指導の実現には何が必要だと思いますか」と問われたら，読者のみなさんは何と答えるだろうか。それらの実現には，「まず信頼関係の構築が必要」「信頼関係があればうまくいく」といった言葉を耳にしたことがあるのではないだろうか。また，実際そのように答える人もいるだろう。

　では，「その信頼関係とは具体的にはどのような関係ですか／そのような関係はどのように築かれていくのでしょうか」と問われたらどうだろうか。いざこの問いに答えようとすると，思ったよりもむずかしいと感じるのではないだろうか。さらに，「相手に信頼されているとはどのような状態なのだろうか／また，そのような状態はどうすれば実現できるのだろうか／相手の要求にすべて応えていくことが信頼される条件だろうか／仮にそうだとすると，多種多様

な要求すべてに応えることが果たして可能だろうか／また，そのような相手との向き合い方は，教師をサービスの提供者側，子ども・保護者を消費者側と位置づけてしまうことを意味しないだろうか／それは公教育の担い手として妥当だろうか」といった問いも次々に浮かんでくる。

　また，先の問1での，「子どもが好き」な先生，「教えることが好き」な先生，「自分の経験を伝えてくれる」先生は，むしろ信頼される先生なのではないだろうか。それなのに危険かもしれないとはどういうことなのだろうか。

　信頼という概念や信頼関係の構築についてはさまざまな論が存在しているが，ここでは，「職業としての信頼」「存在としての信頼」の2観点から考えてみたい。それぞれ，「教職がどのような職業だから信頼されるのか」「教師がどのような存在だから信頼されるのか」と言い換えるとより考えやすいかもしれない。

　1点目の「職業としての信頼」について，ここでは法令が職業としての教職の信頼を支えている点に着目しておく。第1節で確認したように，日本の学校教育は法律に基づいて営まれており，それらの法に規定された資格を満たした者のみが教員としてその営みを担うことができる。つまり，法律によって担うことのできる人が限定されていることと，法律に基づいて職務を遂行しているという形をとることによって，信頼を確立しようとしている。やりたい人が誰でも担うことのできる職業ではなく，また，たずさわっている人がやりたいように何でも自由にやれる職業でもない形をきちんと整えることで，信頼を確保しようとしているというとわかりやすいだろうか。

　教員の資格は，学校教育法ならびに教育職員免許法において定められており，教員の資質の保持と向上を法律で保障している（教員免許の法律主義）。また，教員あるいは公務員として最低限必要な資格を欠く要件（欠格条項）についても定められている。この欠格条項は，そのいずれに該当しても教員になることはできない。そしてそれは，一般の地方公務員よりも厳しいものとなっている。教員の社会的役割，使命，責任が，それだけ重いものであると位置づけることで信頼を確保しているといえる。

さらに，公立学校の**教員の採用**は，教員免許状を保持している者のなかから，都道府県・政令指定都市教育委員会が，選考試験によって行う仕組みになっている。一般公務員の採用が原則として試験成績の上位者から合格者を決定していく「競争試験」によって行われるのに対して，教員の採用は，教育公務員特例法に基づき，「競争試験」ではなく「選考」によって行われることになっている。児童生徒の人格形成にかかわるという教員の職責の重要性からみて，教育者としての使命感や責任感，豊かな人間性や社会性など，教員として真にふさわしい人物を選ぶことを重要視することで信頼を確保している。

　そして教職に就いた者には，**服務**といわれる職務上あるいは職務外において課せられる規律に服する義務がある。公立学校の教員は地方公務員であるため，地方公務員法の服務についての規定が適用される。さらに，教育公務員としての職務の特殊性から，一般の公務員とは別に，教育公務員特例法において若干の特例が設けられている。服務義務には，職務上課せられる義務と職務外において課せられる身分上の義務がある。職務上の義務には，「①服務の宣誓，②法令等及び上司の職務上の命令に従う義務，③職務に専念する義務，④政治的中立の義務，⑤宗教的中立の義務」がある。いっぽう，身分上の義務には，「①信用失墜行為の禁止，②秘密を守る義務，③政治的行為の制限，④争議行為等の禁止，⑤営利企業等の従事制限」がある。

　以上紹介してきたことはほんの一例にすぎないが，このように，さまざまな法令によって職業としての信頼という基本的な信頼が確保されている。近年，各自治体がスクールコンプライアンスなどの名称で指針を示し，コンプライアンスの重視が叫ばれる背景には，この教職全体の世間からの信頼を確保しなければならない危機感があるからだともいえる。だからこそ，教職に就く者は，単に法令を知識として知っているという次元ではなく，その意味するところとそれがもたらす影響について十分に学んでおくことが重要であり，実際にそれらを遵守することが求められる。言い換えれば，それら「職業としての信頼」が基盤にあるからこそ，教職に就いた者の行う教育活動は教職という職業の専門的な営みとして信任されるともいえる。そのため，教職に就いた者には，職

業集団の一員としてその職業全体を成立させている信頼を失わないよう努めることが求められる。

　しかし，それらはあくまで前提であって，それだけで教師として信頼されるわけではないと多くの人は思うだろう。また，それだけでは，決められていることをただ守っているだけの「まじめな」教員がイメージされ，それに違和感を覚える人もいるのではないだろうか。さらにいえば，それらはある種，守りの姿勢のような印象で，もっと積極的に「信頼されるために」取り組むことにこそ関心があるという人も少なくないのではないかと思われる。

　そこで，続く第3節では，信頼がどのように確立されていくかという点から，2点目の「存在としての信頼」について考えていきたい。

3　教職にはどんな危険性があり，どのような学びが必要になるのか

　読者のみなさんがこれまでに出会ってきた教師のなかで，信頼できる先生としてとくに印象に残っている人はどのような人だっただろうか。親身になって話を聴いてくれた先生・ほめることと叱ることの両面をしっかりとやってくれた先生・授業がうまくその教科を好きにしてくれた先生・自分が成長できているという実感をもたせてくれた指導力のある先生・自分の人生をかけて向き合ってくれていた先生など，人によってさまざまなものがあがってくるだろう。

　では，教職に就いたら，どのように信頼される教師をめざしていくイメージをあなたは描くだろうか。自分が信頼できた先生のようになれる努力をすれば，信頼される教師になれるのだろうか。その一方で，どのような人に信頼感を覚えるかは人によって異なっているような気もする。また，そもそも「信頼されよう」とすること自体，作為的に感じるという人もいるかもしれない。

　川畑友二は，信頼感の成り立ちやそれが損なわれている現状とその原因の分析から，信頼感を築く前提として，相手に対する「期待」が存在すること，「裏切り」が最たる「不信感」を招くこと，信頼感は「双方向性」であることを指摘している（川畑，2019，22-24頁）。また，子どもがどのような教師を信頼するかについて，菅野純は，さまざまな調査があるなかで，おおむね考えられる

条件とする11の項目をあげ,「結論的に言えば,子どもから信頼される教師とは,子どもの心に何らかの方法でエネルギーを与えることのできる教師と言うことができる」と述べている(菅野,2008,6頁)。

　河村茂雄は,**勢力資源**という概念を紹介し,子どもたちが教師の指示や指導に従ったり注意や叱責に耳を傾けたりする理由について,「教師に何らかの勢力を感じていて,実はその勢力に従っている,と考えることもでき」ると説明している。河村は,「例えば,ある生徒が厳しいA先生の注意をおとなしく聞いているのは,A先生の注意を素直に聞かないと,もっと怒られると思うからかもしれません。あるいは,A先生の何事にも正面からぶつかっていく態度に尊敬の念を感じていて,それでA先生の注意を素直に聞いているのかもしれません」と例を紹介し,子どもたちには教師の指導を受け入れるだけの理由があり,その理由は子どもたち1人ひとりで違うこと,また,教師1人ひとりに対しても違うことを説明している。そして,子どもたちが教師を捉える勢力資源には,6つの種類があることを紹介し,そのなかに,「準拠性:教師に対する好意や尊敬の念,信頼感,ある種のあこがれなど,教師の内面的な人間的魅力にもとづく」ものがあることを示している(河村,2002,27-28頁)。

　これらの知見に基づけば,信頼される教師とは,何らかの期待が感じられる存在であり,心に何らかの方法でエネルギーを与えることのできる人として子どものそばに存在することのできる教師である可能性が高い。つまり,信頼されるか否かは相手にとってどのような存在となっているかに左右されるといえそうである。さらに信頼が双方向性のものであるならば,信頼関係の築き方に唯一の正解があるわけではなく,常に自分が相手にとってどのような存在となっているか,相手にどのような影響をもたらす存在になっているかを問い続けることが,「存在としての信頼」の構築に至るプロセスだといえるだろう。

　そこで,自分が相手にとってどのような存在となっているかを問う例として,先の問1の「子どもが好きだから」「教えることが好きだから」「自分の経験を子どもに伝えたいから」という思いの強い人を,相手からみるとどのようにみえる可能性(危険性)があるかを考えてみたい。相手の側になってみると,次

のような疑問や違和感が生じないだろうか。「『好き』ってどういう意味？（もちろん恋愛感情じゃないよね。ペットを『かわいいから好き』というのとどう違うの？）」「自分の思い通りにならないような子も含めて，どんな子どもでも本当に『好き』といえるの？（むしろそういう人はちょっと信用できない）」「こちらの事情や希望を無視して自分の教えたいように教えてきそう（かつ，それに従わなかったら怒り出したり機嫌を損ねたりしそう）」「『教えたい』とか『伝えたい』といった自分の欲求を満たすために私たちを利用するの？」と。極端にいえば，自分本位な思いを押しつけてきそうな存在が立ち現れてくる。

　そこにある種の危険性が潜在している。「〜が好き」「〜したい」系の表現になっていることに無自覚であり，志望理由として「言えてしまう」人は，もしかしたらその危険性に気づいていないという点で危険「かもしれない」。問1について問い，深く深く考えていくと，「子どもが好き」「教えることが好き」「自分の経験を伝えたい」といった人たちのなかに一定数存在する危険な人や，そのような思いが強い人が陥りがちな危険性に気づくことができるからだ。もちろん，誤解のないように断っておくと，そのように志望理由を表現する人は教職に就いてはいけないとか，教職に向いていないとか，危険な人たちだといっているわけではない。そこに潜在している可能性のある問題や危険性に気づけるか否かの重要性について論じているのであり，その点について次に確認しておきたい。

　教師のビリーフ研究においては，教師がどのような信念をもつかが，子どもたちの生活に予想以上に直接的な影響力をもつことが指摘されている。そのなかに，「教師は，子どもに規律ある行動をさせる必要がある」「教師は，自分の知識が不確かな場合に，それを子どもに知られることは，教育上好ましくない」「教師は担任するすべての児童から慕われるべきである」といった，絶対的で教義的な「〜ねばならない」というタイプの**強迫的なビリーフ（イラショナル・ビリーフ）**がある。それら教師特有のビリーフの強迫性の高い教師は，児童に教師の意図した行動や態度を強いるとともに，管理の強い指導行動や態度をとる傾向があることが認められ，学級の児童のスクール・モラールが低下してい

る可能性が示唆される結果が報告されている（河村茂雄・田上不二夫，1997）。伊藤亜矢子は，その知見から，「教師として求める子どもの理想像が高く，きまじめで熱心な教師ほど，まじめさ熱心さのあまり強迫的なビリーフをもちやすく，そのことの危険性に気づきにくいかもしれません」（伊藤，2008，197頁）と指摘している。また，諸富祥彦は，「教師であるならば子どもが好きでなくてはならない」「子どもがかわいいと思えない教師は，教師失格だ」というのは，教師自身にも「悩みや苦しみを生じさせるゆがんだビリーフ」である「典型的なイラショナル・ビリーフ」だと指摘している（諸富，2020，57頁）。

　また，相手の未成熟さを理由に本人の意志を問わずに介入・干渉・制限することを正当化してしまう**パターナリズム**の問題や，近年では，**毒語やマルトリートメント**の問題が指摘されている。これらの概念や具体例についてはぜひ自身で詳しく調べてもらいたいが，そこでは，教育において，「相手のため」だと思ってよかれと思ってやっていることが，知らず知らずのうちに相手の人権を侵害していたり，心を傷つけていたりすることが少なくないことが指摘され，問題視されている。たとえば，毒語の例としては，「早くしないと，○○させないから」「○○できなくなるけどいいんだね」といった脅しで相手を動かそうとするような言葉や，「そんなこと1年生でもやりません」といった下学年の子と比較するような言葉，「ダメって言ったよね」といった指導者側に責任がないことを強調するような言葉があげられているが（川上康則，2022，34-37頁），少なくない読者がこのような言葉を言われた経験があるのではないだろうか。そしてもしその問題性に気づいていなければ，その経験は自分が教師になった際に使用する言葉の参照元となり，同じように発してしまう危険性がある。

　では，そのようなさまざまな危険性に気づき，それを避け，信頼される教師へと近づいていくには，どのような学びや成長のイメージをもてればよいだろうか。決定的に重要なことは，自身の経験にのみ基づくことの危険性に気づくことであり，自身の経験を相対化できる専門職としての学びの機会だろう。私たちは，自分が経験してきたことに偏った「よい教育」を描きがちである。そ

れが成功体験となっていると，よりその傾向が強まる。たとえば，体罰やいきすぎた厳しい指導の容認はその代表例としてわかりやすい。「叩かなければわからせられないこともある」「教育には厳しさが必要」といった指導上の暴力暴言を容認する者や過度な厳しさの必要性を主張する者は，自身も叩かれるなど厳しく指導されてきた結果「大会に優勝できた」「素行を正すことができた」といった，ある種の成功体験や感謝の気持ちをその根拠として表現する。また，その根底には「そうでもしないとわからせられない相手もいる」「子どもになめられてはいけない」といった，教師はどんな相手も「わからせなければならない」という強迫的なビリーフが存在している。教育においては，それが理不尽な指導や人権侵害になっていても，「あなたのため」という言葉や「教育には必要」といった信念によって容易に正当化されてしまいやすい。だとすれば，「教職に就く」ということは，本質的にパターナリズムや人権侵害に陥りやすい立場に身をおくということであり，自身の経験や成功体験と人権感覚の乏しさが特定のビリーフの形成につながっていったり，マルトリートメントの温床になっていったりする危険性と常に隣り合わせの職業に就くことだといえる。

　だからこそ，経験や個人的な価値観・教育観にのみ基づくのではなく，哲学・思想も含めたさまざまな専門的知見や研究・実践に学ぶことが不可欠だといえるだろう。そして，それはあたかも正しいことかのように流通しているよく耳にする言説を鵜呑みにせず，それが本当に正しいかを問える姿勢につながり，相手にとって自分がどのような存在となっているかを問い直す重要な契機ともなる。そして求められることに応じる信頼構築ではなく，ともに創造していく存在である専門職としては，そのような学びを続けられる教師集団をつくることのできる力も重要な専門性となる。そのため，教員にはその使命と職責の重要性から**研修の義務と権利**が規定されている。一般の地方公務員の研修が「勤務能率の発揮及び増進のため」であるのに対して，教員の研修は「職責の遂行」に不可欠なものとして位置づけられており，その主体は教師自身である。

　以上，本章では，「教職に就く」ということはどういうことかについて，その基本的な意味について考えてもらった。紙幅の都合上詳細に紹介できなかっ

た概念や情報が少なくないが，必要だと感じた事柄については自分自身で調べ
たり他者とともに学んだりするスタンスを獲得してもらいたいと思う。それこ
そが，専門的に学び自律的に成長することのできる教師となる第一歩だといえ
るからである。

本章を振り返る問い
　「教職に就く」理由を改めて表現するならどのように表現するだろうか。また，教職に
就くまで／就いた後にあなたはどのような学びを求めるだろうか。

引用・参考文献
伊藤亜矢子（2008）「教師のビリーフ：教育って？子どもって？」中澤潤編『よくわかる
　教育心理学』ミネルヴァ書房，196-197頁
川上康則（2022）『教室マルトリートメント』東洋館出版社
川畑友二（2019）「子どもの『信頼感』の構造」『児童心理』金子書房，18-24頁
河村茂雄（2002）『教師のためのソーシャル・スキル―子どもとの人間関係を深める技術』
　誠信書房
河村茂雄・田上不二夫（1997）「教師の教育実践に関するビリーフの強迫性と児童のスクー
　ル・モラールとの関係」『教育心理学研究』第45巻第2号，95-101頁
菅野純（2008）「子どもから信頼される教師―その現代的意味」『児童心理』金子書房，2-
　10頁
髙谷哲也（2021）「教職員の人事管理」諏訪英広・福元昌之編『【新版】教育制度と教育の
　経営　学校―家庭―地域をめぐる教育の営み』あいり出版，46-63頁
前原健三（2016）「管理・運営を担う教師―学校経営・校務分掌」南本長穂編著『新しい
　教職概論―教育と子どもの社会―』ミネルヴァ書房，44-58頁
諸富祥彦（2020）『教師の悩み』ワニブックス

12　教育実践の更新—反省的実践家としての教師

　本章のタイトルにある「**教育実践の更新**」とは何か。たとえば，教師がこれ
までとは異なる教育方法を試したり，今までとは違う生徒とのかかわり方をし
たりすることが例として思い浮かぶ。それは，よりよい教育実践を望む教師で
あれば誰もが必要であると考え，着手したことのある営みであるだろう。そし
て，それがしばしば容易ではないことも想像がつく。おそらく，教育実践に限
らなければ，みなさんも現状をよりよくしようとこれまでとは異なる行動や態
度を試したことがあるのではないだろうか。

　さて，ここでみなさんにその更新の経験を少し振り返ってもらいたい。それ
はどのように始まりいかに進められただろうか。そのなかでどのような困難を
感じただろうか。また，その結果，何を得ただろうか。私たちは通常，多くの
ことを無意識的に行っているため，これらを言語化することはなかなかむずか
しい。しかし，こうした更新のプロセスをいくらか明確化し理解しておくこと
は教師にとって必要なことである。なぜなら，教職において「教育実践の更新」
は教師の継続的成長にもかかわる重要な営みだからである。そこで本章では，
教職における「教育実践の更新」のプロセスやその実行の困難について検討し，
理解を深めていくことを目的とする。

1　「教育実践の更新」はいかに進められるのか

　この問いに答えるために，まずは2つの事例を読んでもらいたい。

　1つ目は，中学校教師Aの事例である。Aは教職4年目で初めて「不良」
がいるクラスの担任になった。Aは「不良」Xをなんとかしようと，ことあ
るごとにXを注意し言動を正そうとしたが，まったくうまくいかなかった。
しかし，ある朝Xに廊下で出会った際，「おはよう」とあいさつをすると，向
こうからも元気に「おはよう」と返してくれたため，「お前いいあいさつでき
るじゃん」と言ってみた。そのことをきっかけとしてか，その日はXとなん

となくうまくかかわれたように感じた。この出来事を振り返り，Aは，「自分はXの悪い点ばかりを指摘していて，いいところを見ようとしてなかったのではないか。だからうまくいかなかったのではないか」と考えた。そしてそれ以降，できる限りXのいいところ，よい意図を見つけようとし，見つけた場合は言葉にしてXに伝えた。すると，徐々にXとの関係性がよくなり，Xに対する認識も変わっていった。

　2つ目は，小学校教師Bの事例である。教職5年目で高学年の担任をしていたBは，ある授業においてクラス全体に，板書することなく口頭で質問をし，それについての考えをノートに書くよう指示した。机間指導の際にADHD児のYのノートを見てみると白紙であった。ほかの児童はそれなりに何かを書いているようだったので，「またか，仕方がないな」と思ったが，そのときはなんとなく気になり，クラス全体に対して質問の意味がわかっているかどうかを尋ねたところ，多くの児童がよくわかっていないことが明らかとなった。ふと，「Yにとってわかりやすい指導をすることは，ほかの児童たちにとってもわかりやすい指導をすることになるのではないか」と思ったが，そのときは質問を説明しなおすにとどまった。その日の放課後，Bは今日の出来事について振り返りながら，ADHDに関する過去の研修で配布された資料を見直し，視覚的な情報伝達のほうがADHD児にとって理解しやすいことを思い出した。そして，それ以後，思いついた質問であっても板書するようにした。こうした出来事を通して，Bは，「ADHD児が話を聞いていなくても仕方がない」と決めつけていた自分に気づき，さらに，「Yのわからなさはみんなのわからなさの目立った例だ」というアイデアに確信をもっていった。

　さて，以上の2つの事例はともに「教育実践の更新」の例である。両者を分析していくと「教育実践の更新」に特徴的な諸局面（phases）を見いだすことができるだろう。しかし，ここでは分析手続きを省き，考えられる諸局面をいくつか提案し，説明するにとどめたい。

　第一の局面として「問題状況」があげられる。それは，教師にとって見慣れなかったり，当惑したり，扱いにくかったりする状況，つまりそのままにはし

ておけない状況のことである。Aにおいては、Xをうまく指導できない状況であり、Bにおいては、子どもたちに口頭の説明がうまく伝わっていない状況である。こうした困った状況を何とかしたいと感じるから、教師は「教育実践の更新」に向かう。この点、「問題状況」は「教育実践の更新」を教師が主体的に行ううえでの開始点といえる。

第二に、「反省」の局面があげられる。ここで教師はこれまでの自分の教育実践がどうだったかについて考えたり、新たに試した実践の結果を評価したり、さらには、無意識に行っている自分のやり方や考え方を発見したりする。Aは、問題状況について振り返り、Xに対する自己の暗黙的なかかわり方を明らかにしたり、新たな試みの成果を評価したりしている。Bは、新たな試みの結果の振り返りを通して、YあるいはADHD児に対する自分の思い込みに気づいている。

第三に、「仮説設定」の局面があげられる。それは新たな試みを思いついたり、その思いつきをさらに検討したりする局面である。AはXに対するかかわり方への反省から、「Xのよい意図を見出し、それを伝えたらうまくいくのでは」と思いついている。Bは、Yだけではなくほかの児童も質問をあまり理解していないことに驚きつつ、「Yのわからなさはクラス全体のわからなさの指標になるのではないか」と直観した。またその後の振り返りを通して、その直観に基づく具体的な対応策（思いついた質問でも板書することは、みんなにとってわかりやすい）を考えている。

第四に、「実験」の局面があげられる。それは、これまでとは異なる行為を試すことである。Aは、「Xを何気なくほめる」という形で新たな試みを無意図的に開始し、その後は意図的にそれを行っている。Bは問題状況を振り返ったのち、意図的に「板書する」という試みを行った。意図的にせよ無意図的にせよ、これら行為は、過去からの逸脱が含まれている点で実験的である。

第五に、「枠組み変容」の局面があげられる。枠組みとは、子ども観や授業観といったものの見方や、身につけた子どもとのかかわり方や授業の仕方、そして、何が望ましく何が望ましくないかに関する判断基準などのことである。

それは，学校における教師の子どもの捉え方や授業の仕方，善し悪しの判断を暗黙的に規定する。「枠組み変容」とは，教師を規定するこの枠組みの刷新や修正を意味する。Aは，生徒指導における「不良的行動発見・是正」的な枠組みから「善良的意図発見・承認」的な枠組みへの移行を，はじめは偶然に，その後は意図的に行っていた。また，教師Bでは，発達障がい児に対する消極的な捉え方が，事例で描かれた経験を通してより積極的な捉え方へと変わっていった。

第六の局面に「問題解決状況」がある。それは，実験などによって満足する結果，あるいは許容できる結果が得られた状況である。ただ，この状況はあくまで一時的なものであり，事態が変化すれば，再び状況は問題的となりうる。AもBも事例の最後において満足のいく状況になったが，新たな「不良」や「新たなADHD児」との出会いが，再びかれらを問題状況に導くかもしれない。

以上の6つの局面に関して，局面6「問題解決状況」が一応の終わりであることは確かだが，それ以外は1→2→3→4→5といった順に移行するようなものではない。教師Aにおいては，Xとのかかわりという問題状況から始まり，「いいあいさつできるじゃん」という即興的承認（実験）から，反省と仮説が生じ，結果として枠組みが変容され，さらに実験的行為が行われた。教師Bにおいては，クラス全体への質問理解の確認という実験から始まり，それが彼を問題状況に引き込み，その後，仮説が思い浮かび，反省を通して仮説を具体化し，新たな実験を試みている。枠組み変容はその間に生じているようにみえる。

このように，「教育実践の更新」のプロセスは，①上述の諸局面で構造化できるものの，②決められた段階に沿って進むものではなく，③それぞれにおいて諸局面が多様に組み合わさった独自のものであることがわかる。

また，「教育実践の更新」のプロセスのほかの特徴もある。それは，教育実践や教師自身について振り返る反省が，ただ反省するだけのものではなく，新たな試みを生み出すために用いられる実験的なものであるという点である（実

験に向けた反省）。他方，実験も，たとえそのときは熟慮されていない思いつきのものであったとしても，やりっぱなしで終わるのではなく，振り返りや仮説形成と結びつけられた反省的なものである点も特徴としてあげられよう（反省に向けた実験）。こうした「教育実践の更新」における反省と実験との相互作用は，ドナルド・ショーン（Schön, D. A.）の提唱するすぐれた専門職実践のありよう，つまり「反省的実践（reflective practice）」（Schön, 1983）の特徴を示しているといえる。そこで本章では，以下で，「教育実践の更新のプロセス」のことを反省的実践と呼ぶことにする。

2　「教育実践の更新」の何がむずかしいのか

　つぎに，「教育実践の更新」のむずかしさについて検討しよう。それは，更新のプロセスである反省的実践のむずかしさでもあるから，反省的実践の諸局面を手がかりにして検討することができる。まず，「教育実践の更新」の必要性を感じとるという点から，2つの局面，「問題状況」と「問題解決状況」にかかわるむずかしさに迫る。

　一般的に，「教育実践の更新」が必要であると考えられることは確かであろう。しかし，更新が必要だと主張する教師であっても，つねに自分の教育実践の更新の必要を感じているわけではない。教師がその必要を感じるのは，現状に何か問題があると感じる場合，つまり問題状況に陥っていると感じる場合である。

　ある状況を問題状況と感じるかどうかはその状況にかかわる人ごとで多様であろうが，教師自身が問題状況と感じていない場合，たとえそこに深刻な問題が潜在していても「教育実践の更新」にはつながらない。たとえば教師Bはもともと，Yが話を聞いていないことは仕方のないことと考えていた。つまりBは，本来問題状況として捉えるべき状況を，満足しているわけではないものの，それ以上の解決策のない問題解決状況として済ませていた。

　教師は繰り返し似た状況に直面することで，その状況に慣れ，その状況に対処する術（すべ）を身につけていく。初任者はまさにこの過程を経て教育専門家になっ

ていく。しかし，あまりに慣れすぎると，「子どもとはこのようなものだ」「これくらいなら問題ない」「この単元はこう教えればうまくいく」というように，ものの見方や行為の仕方，判断の基準が固定化してしまう。そして，この固定化した枠組みによって，たとえば教師は，意図することなく，特定の子どもの声だけを拾い上げ，別の子どもの声を授業に関係のないものとして見過ごしたりするようになる。AはXのよい意図を見逃していたし，BはYの状態を仕方のないこととして受け流していた。そして，Bの場合に関しては，その受け流しによって授業がよどみなく流れていたのである。この点，教師がそつなくこなしている教育実践は，もしかしたら一部の子どもの声を無視することによって成り立っているのかもしれない。

　問題状況を問題状況と感じられないというむずかしさは，こうした教育専門家の「過剰学習」（Schön, 1983, 60頁）を1つの要因としている。手ごわいのは，この過剰学習を克服するためには，教育実践を更新し，新たな経験を積み重ねていかなければならないのに，その導入として必要な問題状況の感じ取り自体を過剰学習が妨げてしまう点にある。

　この過剰学習は，反省的実践のほかの局面にも困難をもたらす。「反省」や「仮説設定」の局面は，自分のものの見方にとらわれた範囲での考察や判断にとどまりがちとなってしまう。「実験」の局面も，結局自分にとって手慣れたやり方に終始してしまいがちになるであろう。そして，「枠組み変容」の局面が，反省や仮説設定，実験をきっかけとして，またそれと並行して進むことを考えれば，過剰学習によってむずかしくなっていることは確かである。

　では，このむずかしさに教師はどう対処すればいいのだろうか。ショーンの反省的実践概念の基礎にある「探究」概念を論じたデューイ（Dewey, J.）は，新たな考えや実験に反省的に取り組める人間のもつべき態度の1つとして「**開かれた精神性**（open-mindedness）」の重要性を説いていた。それは，「自分にとって最も大切な信念のなかにさえ誤りがありうることに気づこうとする積極的願望を含む」態度である（Dewey, 1933, 136-137頁）。こうした態度で教育実践に向かいつづける教師は，そうでない教師に比べ，状況に現れる変化や違和感を

日常的に察知し，自らの枠組みの妥当性を疑い，これまでの見方，行為形式，判断基準とは異なる可能性を探り，新たな実験に着手することができるだろう。こうした態度をもった教師は，継続的に反省的実践を行うことができる点で「反省的実践家」と呼ばれるにふさわしい学び続ける教師であるといえる。

　しかし，そうした個人的態度さえあれば「教育実践の更新」のむずかしさをすべて克服できるかといえば，そうとも言い切れない。まず，端的にいって，たとえ開かれた精神性をもっていたとしても，自分のことを自分だけで振り返るには限界があるだろう。

　ほかにも，教育実践の組織的面からくるむずかしさがある。まず，教育実践は私たちが思う以上に教師間のすり合わせで成り立っている。教師が1人で行う授業であっても，その内容や進度，方法に関して学年団間および教科間の調整が入っている。必ずしも，教育実践を更新する自由裁量が教師個人にすべて与えられているわけではない。また，反省的実践にはそれなりの時間や場が必要であるだろうが，そうした時間や場を個人的努力でまかなうことには限界がある。さらに，教師の固定化したものの見方や行為の仕方，判断の基準は，教師個人の所有物というよりも，教師間で共有されたものかもしれない（たとえばＡの事例において，ほかの教師が，「不良に対しては徹底的に厳しく指導しなければほかの生徒に示しがつかない」という考えをもっている場合，Ａの実験を実行することはむずかしくなる）。教師間で共有された枠組みに対して，教師個人で抵抗することは相当の困難を伴うだろう。

　こうしたことをふまえたとき，「教育実践の更新」を，個人的な営みとしてではなく，ほかの教師との協働的な営みとして捉える必要性が現れる。

3　「教育実践の更新」においてほかの教師との協働がなぜ必要か

　ここでも事例を通して検討していこう。特別支援学校高等部3年，軽度知的障がいクラスの担任の1人となった12年目の教師Ｃは，あるとき，卒業生の就職先としてお世話になっている施設に訪問した。その際，卒業生が性被害にあうことがあることを聞いた。驚いたＣは学年会でそのことを報告すると，

ほかの教師もそのことを知っていること，そして，皆がそれについて憂慮しているものの，知的障がいのある生徒の性に関することにはふれづらいと誰もが感じており，これまで積極的に対策されてこなかったことがわかった。しかし，その後の話し合いを通じて，性についての特別授業をすることで，知的障がいがあっても正しい性知識をもち自分の身を守れるようになるのではないかと考えるようになった。ただ，どうすればいいかわからなかったため，養護教諭や外部の専門家に相談したり，関連する実践報告書などを読んだりしながら計画を練り上げた。最終的には3年生に対して男女を分けてかなり具体的な性教育の授業を実施した。その後，保護者たちから，「家庭では話しにくいことだから助かった」などの肯定的な声を聞くことができたため，内容を修正しつつ今後も続けていくこととなった。

　この事例を先の反省的実践の諸局面に照らして捉え直してみよう。はじめにCによる問題状況の感じ取りがあり，次にそれについての話し合いを通して，ほかの教師たちも改めてその問題状況を真剣に受け止めるようになった。いわば，問題状況の共有が起きた。また同時に，知的障がいのある生徒に対する消極的な性教育の実態や，その背後にある共有された思い込みが浮き彫りになった。そして，その反省を通して，性教育の特別授業が効果的ではないかという仮説が設定される。つぎに，養護教諭や専門家の意見を聞いたり，実践事例に目を通したりすることで，C自身にとってもほかの教師にとってもこれまでの実践枠組みから越え出るような性教育実践が計画できた。そして，かれらはそれを実行（実験）し，その結果，望ましい反応を得られたと判断した。

　以上の「教育実践の更新」は，おそらくCだけでは実現できなかったであろう。学年団のなかで問題状況が共有されたことで，Cは新たな教育実践を試みられたし，そのための時間と場を得ることもできた。他方，ほかの教師たちからすれば，Cの問題提起によって，知的障がいのある生徒に対する自分たちの固定的認識が改められ，新たな一歩を踏み出すことができるようになった。このように，教師間で相互理解を深め，連携して「教育実践の更新」に取り組むことができるとき，反省的実践の諸局面における困難にもうまく対処できる

のである。

　では，もしＣがほかの教師たちと協働的に反省的実践をしなければどうなっていただろうか。学年団に相談を持ち掛けずとも，Ｃはうまく問題状況に対処し，１人でうまく教育実践を更新し，結果，まわりの教師から賞賛されたかもしれない。自らの枠組みを難なく乗り越え，これに伴う多くの労力もいとわなかったかもしれない。おそらく日本には，このように１人でなんでも乗り越えられるようなすぐれた教師は数多くいるだろう。しかし，全体からすればその割合は小さいだろうし，だれもがそのようなスーパー教師になれるわけではない。私たちは通常，上述した「教育実践の更新」に伴う困難に１人でうまく対処できないのである。

　また，１人で更新を行った結果，ほかの教師から「非常識」「やりすぎ」「独断」と批判されることもあるだろう。その批判は通常，教師間の暗黙的な常識，つまり共有された枠組みが揺るがされる場合に激しくなる。Ｃが独断で「知的障がいのある生徒への性教育」を実践した場合，その実践は，教師たちから「非常識」と判定され，激しい批判の対象となる可能性が高い（先のＡの事例における刷新に関しても，ほかの教師が「不良へ厳しく指導すること」を共有枠組みとしてもっているならば，Ａの試みは「Ｘへの甘やかし」として問題視されるかもしれない）。

　このように，「教育実践の更新」には教師集団の常識，枠組みに対する挑戦が含まれていることがある。この場合，そうした挑戦をする反省的実践家はほかの教師たちにとって，常識外れの厄介者，脅威となりうる。他方，Ｃがそうであったように，反省的実践家は，停滞した現状を打破する変革者にもなりうる。前者と後者を分かつ１つの要因は教師間の協働である。あるいは，その協働を可能にする専門家集団としての良好な人間関係である。「教育実践の更新」は１人でも可能だが，学校に真の更新をもたらす場合，そこには**教師間の協働**があるといえるだろう。

◆◆◆

　本章では，まず，「教育実践の更新」プロセスを特色づける反省的実践およ

びその諸局面について述べ，次に，「教育実践の更新」の困難およびその困難を克服する反省的実践家としての態度を論じた。そして最後に，「教育実践の更新」における教師間の協働の必要性を指摘した。反省的実践およびその諸局面については，改めて，みなさん自身が日常生活で行った「刷新」の経験を当てはめてみることを通じて理解を深めてほしい。反省的実践家としての態度については，開かれた精神性のほかにもいくつか望ましい態度が考えられるだろう。デューイはほかに「全身全霊（whole-heartedness）」「責任（responsibility）」を挙げている（Dewey, 1933, 137–138頁）。みなさんはどのような態度が必要だと考えるだろうか。

　ほかの教師との協働の必要性については，次のように言い直しておこう。反省的実践家としての教師は，ほかの教師とともに反省的実践家であろうとしなければならない。教師は1人でも反省的実践家になりうる。しかし，そこには限界がある。その限界を超え，生涯にわたって学び続けるためには，ほかの教師と学びあえる関係が不可欠である。そうして手を携えて成長しつづける教師集団，言い換えれば，学習を1つの規範とする教師集団のことを「**専門職の学習共同体**（professional learning community）」（DuFour & Eaker, 1998）と呼ぶ[1]。

　日本の学校において専門職の学習共同体は，しばしば**授業研究**を通して実現されている。授業研究は，「授業にかかわる問題の特定→解決のための計画の立案→実験としての授業実践→そしてその後の反省」といったサイクルを通して営まれる。この営みを，校内研修の一環として行うことで，教師たちは日常の教職実践を通して学びあう機会を得ることができる[2]。新任教師にとってこうした授業研究は，「教育実践の刷新」の仕方を学べる点で反省的実践家として成長する機会となるだろう（北田, 2014）し，学びあい方を学ぶ機会ともなる。

　学校外に目を向ければ，教師たちの自律的な学習集団である民間研究団体が日本には数多く存在してきた[3]。近年ではSNSなどを介したより緩やかな教師サークルも現れてきている。みなさんにとって，こうした共同体に出会うこと，参加することは，生涯にわたる成長をめざすうえで欠かせないのである。

本章を振り返る問い

　教師間の協働は言葉でいうほど簡単なことではない。協働を妨げる要因を，「教師個人の習慣や考え」「教師間の慣習や文化」「学校制度や学校行政」に分けて考えてみよう。そして，そうした要因が蔓延するなかで教師間に協働を生み出すために，誰がどのような役割を果たせるだろうか。こうした考察を通して，（たとえ第一の責任を教師個人が負わなければならないにしても）教師の学びや成長の責任を教師個人に押しつけることが不合理あることを理解してもらいたい。

注

1）この規範を教師集団のみならず児童・生徒や保護者，さらには地域住民にまで広げたもののことを「学びの共同体」と呼ぶ（佐藤，2023）。学びの共同体を実現するうえで，専門職の学習共同体はその中核を担うことになる。

2）校内研修における授業研究が形骸化していることもしばしばであり，その場合，学びあいは期待できない。授業研究は，教師自身が研究主体となった「共同的アクションリサーチ」であるときにこそ，その学習効果を発揮する（藤本，2017，39頁）。

3）その数や勢力は年々衰えていることから，都市部以外において勤務校近くにそうした団体を見つけることはむずかしくなってきている。筆者は高校教師時代，手近な民間研究団体を見つけることができず，若手有志で集まって緩やかなサークルをつくった。そうした学びあい，支えあいの集まりを自らつくることも1つの手である。

引用文献

北田佳子（2014）「校内授業研究で育まれる教師の専門性とは―学習共同体における新任教師の変容を通して」日本教育方法学会編『授業研究と校内研修―教師の成長と学校づくりのために』図書文化，22-35頁

佐藤学（2023）『新版　学校を改革する―学びの共同体の構想と実践』岩波書店

藤本和久（2017）「授業研究の主体は誰か―当事者が主体となる授業研究の実現のために」鹿毛・藤本編『「授業研究」を創る―教師が学びあう学校を実現するために』教育出版，25-45頁

Dewey, J. (1933) How We Think : A Restatement of the Relation of Reflective Thinking to the Educative Process. *The Latter Works, 1925-1953, Vol. 8, 1933.* Southern Illinois University, 1986.（植田清次訳（1950）『思考の方法』春秋社）

DuFour, R. & Robert, E. (1998), *Professional Learning Communities at Work : Best Practices for Enhancing Student Achievement*, Indiana : Solution Tree Press.

Schön, D. A. (1983) *The Reflective Practitioner : How Professionals Think in Action.* NY : Basic Books.（柳沢昌一・三輪建二監訳（2007）『省察的実践とは何か―プロフェッショナルの行為と思考』鳳書房）

13 問われる献身性と働き方の再構築

1 教職の魅力と教員の献身性をどのように捉えるか

　教職課程の学生に教職への志望動機を問うと，「悩んでいたとき，寄り添って支えてくれた」「辛抱強く教えてくれた」というように，多くが，学校での教員との思い出をあげ，それがかれらを教職の道へと誘った理由の１つになっていることがうかがわれる。教員の側からもまた，児童・生徒との人格的な交流の思い出が語られる。教員のライフヒストリーをまとめた川村[1]は，さまざまな背景から逸脱行動を伴う生徒の「荒れ」に直面した教員たちが，生徒たちとの「つながり」を重視して取り組んだことで，危機的状況を乗り越えたこと，そして，卒業したあとに訪ねてきた生徒とのエピソードを示し，そこに，教員の「**人格的権威**」の存在を指摘した。

　19世紀に誕生した近代公教育では，教員は，公教育制度の担い手として雇用され，以前のような個人営業の教員ではない。そのために，教員と児童・生徒は，制度・組織のなかで意図せずに出会う。しかしながら，現実の教育の場で，対面し，継続した応答のなかから生まれる「人となり」を介した関係が，抽象的で一般的な関係を超えて，教員にも児童・生徒にも刻印される。これが前述したような「人格的権威」の生成基盤であり，そして，ビジネスライクには割り切れない教職の特徴となっている。そして，日々の応答のなかで生まれる笑いや発見，互いの〈場〉を意味あるものにする多様な戦略等々が，人と対面する職業における醍醐味であり，これが教職の魅力になっているのは間違いない。

　制度や組織から生まれるフォーマルな関係だけでなく，このような教員－生徒のインフォーマルな関係が，教職を論じる際には重要である。このとき，もう少し掘り下げればわかるように，そこには単に人格的な「交流」にとどまらない，それ以上の関係の質も見いだされる。

　先にあげた学生たちの言葉のなかには，一児童・生徒である自分に「とことん付き合ってくれた」ことへの感謝が表現されており，それが「児童・生徒の

ためを考えてくれる先生」の存在として記憶されている。同様に，川村の研究に示された「夏になると土曜日ごとにキャンプに行った」というように，教員の側からも，「子どものために」自分の生活をもかまわず活動に取り組んだという事例が示されている。土日も，長期の休みにも「子どものために」〈がんばる〉教員は，現在でも，日本全国至る所にいるだろう。そしてこうした事例には，自分のことよりも，児童・生徒のためにという「**自己犠牲的**」な意味合いを含む「**献身性**」の特徴が見て取れる。

　また，当事者の語りだけではない。当事者以外が「教職」を特徴づけるときにも，こうした「献身的態度」が頻繁に取り上げられる。たとえば，近年の中教審答申で，日本の「全人格的」な完成をめざす教育が国際的にも注目を集めているものとして誇示されているが，それが「我が国の教師が，子どもへの情熱や使命感を持った献身的な取り組みを重ねてきたうえに成り立ってきた」[2]成果であり，「子供のためであればと頑張る教師の献身的な努力」[3]が，日本の教育の基盤になっていると述べられていることにも明らかである。

　このように，教員と児童・生徒との人格的関係は，教職の魅力であり，その基底には「子供への情熱や使命感を負った献身性」が存在し，それが，**教職の職業的特性**であると，広く，自明のこととして受け止められ，また要請されているのである。

2 献身性をめぐる現代的課題とは

　しかしながら，この「教職の魅力＝教員の献身性」こそが現在，問われるべき問題となっている。

　第一に，近年進められている「教員の働き方改革」のなかで，教員の生活のウェルビーイングと関連して論じられる。過労死における判例や法的解釈では，長時間労働・過重労働は，「教員自らが選び取った働き方」であるとみなされているが，それを肯定するように教員の側でも「私がやらないと（ほかにだれがやるのか？）」というように，自ら主体的にそれを選びとっている状況が至る所で示される。すなわち，「献身性」こそが，長時間労働・過重労働を改善で

きない阻害要因となっているのである。

　2013年のOECD・TALIS調査では，調査参加国の平均労働時間が38.3時間であるのに対し，日本のそれは53.9時間と圧倒的な長さを示していた[4]。これに対して，「**働き方改革**」が始動したが，改革は思うように改善にはつながっていない。

　教員の長時間労働は古くから問題として顕在化しており，1960年代には教員の時間外手当の支給をめぐって，日本各地で訴訟が起こっていた。これに対して教員という仕事の特殊性から判断して，時間外労働という概念はなじまないという判断から，1971年に，「給特法」（「公立の義務教育諸学校等の教育職員の給与等に関する特別措置法」）が成立した。「給特法」のもとでは，管理職は，修学旅行などの学校行事や職員会議などの４項目の業務を除いては，教員に，超過勤務を命じることができないとされている。そのため教員には時間外手当は支払われることはなく，代わりに給料の４％に当たる「**教職調整額**」が教員全員に一律に支払われている。そのため，このような制度の下では，過労死に至るような所定労働時間を超える労働時間の問題さえも，法律上は，教員が自分の好きでやっている「**自発的な行為**」と判断されてしまう法令的基盤がある[5]。

　いっぽう教員の側の，これに対する反応も興味深い。教職調整額の４％という基準は，1966年に行われた「教員勤務実態調査」をもとに算出されたといわれているが，40年の時を経て実施された２回目の「教員勤務実態調査」では，所定労働時間を超える労働時間は1966年に比べはるかに長くなっており，４％という数字が教員の労働実態に相当するかどうかは怪しい。とくに1980年台以降，病気休職の教員の増加や，過労死が報告され，教員の働く環境が悪化していることは誰が見ても明らかになっている。しかし，こうした状況に，教員側は半世紀もの間，ほとんど何の応答もしてこなかった。

　教員の仕事は「やろうと思えばきりがない」といわれるように，**無定量・無限定**を特徴とするといわれるが，「目の前の子どもたちの事に係る」のであれば，教員は無限定に仕事に打ち込んでしまい「**やりがい搾取**」を「搾取」と思わない。このような心性の基底には，「献身性」を内面化した教員の姿がある。

このように教員の「献身性」は何よりも，教員の労働環境を考えるネックとなっている。「献身性」とは何かを問わないかぎりは，長時間労働はもちろん労働条件の改善は何も進まないだろう。

　第二に，「献身性」は「ムード」「雰囲気」で捉えられ[6]，厳密に検討されたものとは異なり主観的な用語であり，ときには語句の本来的意味からは大きく逸脱して使用されている。

　語句の本来的な意味から考えると，献身的であることは，行為者の主体的な活動であり，他者に命じられて行うようなものではない。献身性は，行為者の**自律性**に依存しており，**他律的**であることとは矛盾するからだ。

　しかしながら，先の中教審答申にみるように，それが日本の教職の特徴であり誇るべき行為だと，他者の視点から語られることが多い。しかも政府文書だけではなく，日常的にこうした「献身性を強いる」文化のなかにおかれている。「なぜ，うちの担任はやってくれないのか」というような保護者の言葉に代表されるように，ほかと比較した「熱心さ」が要求され，そうしたまなざしに日常的に晒されている。学級通信を出す／出さないの違い，教室に展示される児童・生徒の作品の仕方，宿題の多寡，部活動指導や，休日の部活動引率，児童・生徒への対応をめぐって，教員は，つねに他クラスの担任や，他教科の教員と相互に競わされるまなざしのもとにおかれており，しかも「献身的」であればあるほどよいというような捉え方が広がっている。「献身的」であることは当事者に委ねられるはずであるにもかかわらず，それが一種の規範に，さらには圧力に転嫁する問題に歯止めがかからない状態になっているのである。

　第三に，「献身性」を丸ごと否定する発言・表現が，教員のなかから現れてきている点である。仕事と私生活を「割り切る」教員の存在は，すでに指摘されていた[7]が，「割り切り」を主張するこうした声は，部活動をめぐる議論のなかで大きくなっている。

　部活動の指導・監督をめぐっては，日常の練習のほかに，他校との練習試合や，中体連などの大会のための引率，大会の準備運営，さらには，該当する部活の審査員等の資格の取得など，外縁がますます拡大し，付随する活動は膨大

になっており，それが教員を圧迫していることは間違いない。しかしながら，「負担」を理由に，丸ごとそれを**外部化**[8]したり，部活担当の「押し付け合い」が繰り広げられているという話を聞くと，そこには，単なる業務の負担の問題を超えた別の問題が存在するのではないかと考えてしまう。「自己犠牲が付きまとう」というように，仕事と私生活を割り切ることがむずかしいのが教職の特徴であるとされてきたが，それを否定し，教職を「ビジネス」という用語で置き換え，「献身性を特徴とする教職」とは異なる「職業」として認識しようとしている傾向が読み取れるからである。

　教員の負担を声高に主張する議論には「教育論」がない[9]ことも含めて，この問題はあとで再度取り上げたい。

　以上みてきたように，教職の特徴として「献身性」には，それを自明視して思考停止するあまり，問題があるいくつかのテーマが問われないままでいる。

3　教員の「献身性」とその背後にあるものは何か

①「献身性」とは何か

　そもそも，献身性とはどのようなことを意味するのであろうか。

　「献身性」という用語は，「自分の身体や利益を犠牲にしても，ある人や物事に尽くすこと」を意味する。たとえば，「献身的な看病」というように，他者の体の状態を回復するために相手に尽くすような場合に用いられる。この意味で，似たような用語である「没頭」とは明らかに異なる。「没頭」が当事者・他者以外の存在を考慮しないのに対して，「献身性」は明らかに「他者」の，あるいはある事案の存在を前提にしているからである。

　こうした基本的認識をふまえて，教員の「献身性」をさらに検討したい。

　「献身性」は他者に向けられた人間主体のあり方であり，他者の要求に具体的に応え，相手を助けることに「**専心没頭**」[10]する行為であるが，要求への応答がどのような判断によって行われるかによっては，その「献身」のもたらす帰結はかなり異なったものとなろう。

　相手の要求にこたえる行為が，人命や安全，人権など「人間としての尊厳を

維持するのに必要な水準」を前提としているのであれば,「献身」の行為やその意義は人権の保障などという理念や理想の実現という普遍的な課題と結びつく。

　いっぽう,応答が,理念や理想ではなく,要求する「相手」,つまり「属人」にあるならば,その場合の「献身」の行為や意義はまったく異なるものとなろう。このとき,相手の要求が限定的なものであるならば,その要求が満たされることで「献身的」な行為の目的も達せられる。しかしながら,相手の誇大妄想的要求に応答を求められる場合には,「献身」的行為は,終わるところのない要求に晒されつづけることになる。

　「負担」を理由に部活を排除する教員には「教育論」がないと先に指摘したが,それはまさしく,教員たちの「献身的行為」がじつのところ「属人」的であって,「理念や理想」を背景にしているものとは異なることの証左である。理念や理想などの明確に参照できる基準をもたない場合,行為は**状況主義的**になり,また,何が達成されたのかそうでないのかの判別もできない。そのため,「とにかく一生懸命がんばること」「(相手によって満足かどうかは不明だけど)がんばってよかった」というような主観や自己満足が「献身」のあり様を語る言葉になる。問題は,教職の美徳と認識されている「献身性」が,結局は「とにかくがんばるだけ」のような精神主義とほとんど変わらない点である。

　さらに,相手との関係が親-子,教師-子どものように,非対称的な場合,相手の要求にこたえるだけでなく相手を傷つけない・不安にさせないなどの,**「対立葛藤予防的な思いやり」**が,「献身」のなかに含みこまれる可能性も大きく,これも,教育的関係のなかでは看過できない問題をもたらす。というのも,「予防的な思いやり」のなかには,「相手を守りかばう愛情のまなざしは見て取れても,相手を独り立ちさせようと鍛えていく態度は存在しない」[11]という指摘にみるように,非対称的な関係における「予防的な思いやり」は,結果として深刻な問題につながりかねないからである。

　以上のような議論は,「献身性」に対する根本的な疑義,検討課題を示しており,「献身性」を「教職の特徴」として称揚し,そして棚上げして済まされ

るようなものではない。

　さらにいまひとつ検討すべきは，「強権的善意」という概念である。ここでは，人々の行為が，制度・組織のなかで行われるときに，どのような転換や変異が起こるかを考えさせてくれる。

　行政機関で，日常的に人々に直接相対する職員のことを**第一線職員**と呼ぶが，この第一線職員の活動の特殊性について論じた畠山[12]によれば，福祉事務所職員や地域安寧に従事する警官などと並んで，教員もこの第一線職員に該当する。第一線職員の共通する特徴は，人を相手にする仕事であり，基本的にはその相手の側に立って，かれらをエンパワーするような仕事についての理念や役割観を抱いているという点，そして，かれらが，大きな組織に属し，それも**官僚制組織**の末端で活動している点である。

　第一線職員は，直面する相手のニーズを把握しそれにふさわしい対応をとろうとする「**利他主義的配慮**」に満ちている。しかし，それは純粋な利他的配慮には終わらない。なぜならば，当該の第一線職員が，そうした活動をすることによって給与を得ている被雇用者だからである。当然のことながら，被雇用者には，制度・組織の一員として期待される役割や，課せられる規律・責務があり，また，既定の労働時間のなかで，そうした活動が営まれる必要がある。そうした制約のために「利他的配慮」は，制度・組織の枠のなかで許容される範囲でのみ行使され，また，場合によっては，そうした場にふさわしい行動へと変換される。

　畠山の示す第一線職員の「利他的配慮」についての考察は，教員の「献身性」と読み替えるとき，さまざまなヒントを与えてくれる。

　たとえば，部活動の指導は，生徒の活動を保障し，サポートし，かれらの喜ぶ顔が見たいと思って取り組む態度と関連をもつ。しかしながら，学校の時間・教員の時間が限られており，そのことだけに費やすことのできる時間は少ない。教員が部活動の現場に行くまで，準備運動や基礎練習をするように伝えたり，さらにまったく顔を出せない日には，部長やキャプテンにその任を委ねたりと，その活動は組織人としての一定の時間内で行使されるしかない。いっぽう，利

他的配慮が，一定の制限のなかで行使されることによって，「献身」が別の形態に変化する場合もある。たとえば，強くなりたいという子どもたちの心情を斟酌(しんしゃく)して，綿密な活動スケジュールやスキルアップのトレーニングを入れ込み，大会で優勝することをめざしそれに向けて邁進する場合には，「ただ単に楽しむだけ」から始まった生徒のモチベーションをあおり続ける「**熱血教師**」と変容するのである。教員が「よかれ」と思って取り組む活動は，相手の応答を無視して，このように「善意の押し付け」＝強権的善意となることもありうる。さらには，優勝常連校の指導者として，より条件のよい職場に招かれるなど，教員自身の名誉につながる道を歩む教員も出てくる。つまり「献身性」「利他的配慮」は，応答する相手への圧力に変わったり，最終的には自分の利益をめざすことにも転じかねないのである。

　「献身性」はこのように，組織・雇用関係のなかでは，文字どおりの「献身」にはならない。したがって，〈献身的であるといえば善である〉というような等式で把握することは，表層的であり危険であることに気づかねばならない。

②「献身性」が強調される背後にあるもの

　つぎに，応答する相手との間の「献身性」の問題ではなく，それが「教職の特徴である」ことを強いられる場合について考えてみたい。

　中教審の文書を検討した濵名は，「児童生徒に対する教育的愛情」「教育者としての使命感」「教職に対する情熱」といった「教員の献身性」に類する用語が，戦後間もない時期の中教審答申から一貫して記されていることを指摘している[13]。そこでは，当事者ではなく，周囲から「献身性」は教職の特徴だとみなされており，そればかりか，そうした教員こそが望ましいものであると，「押しつけ」られていることがわかる。

　では，第三者からのこうした「押しつけ」，つまり〈「自律的」な行為を「他律的」に強いられる〉問題について考えてみたい。結論を先取りするならば，それは，「献身性」を内面化することが「統制」に資するからである。

　強権的善意の機能を考察した畠山は，それが「法と権利平面で行われるべき行政活動が道徳の平面に移行し，公共サービスが恩恵に変形する」[14]からだと

指摘する。つまり，官僚制的な行政機構で，そのサービスを受けようとやってきた人々＝顧客は，官僚制的な手続きやサービスを無機質で冷たいと感じとるであろうが，少なくとも，顧客に対面で向かい合う第一線職員の「人格」を介し，その人たちの〈善意〉の活動を通してそのサービスが提供されるのであれば，そうした無機質の「冷たさ」が払しょくされることもある。組織の側からみると，公共サービスをうまく提供するという所掌業務が，第一線職員の献身によって，完遂できるのである。このように，第一線職員の「善意」（あるいは献身的行為）は，社会統制の機能を果たす役割を課せられている。教育に戻って考えてみると，「先生が一生懸命やってくれている」ことが緩衝材となって，親も子どもも，学校教育への疑問や不満を問うことなく，制度そのものを受けいれるようになる。逆に，制度的問題や疑問は，教員の「献身性」の欠如にすり替えることもできる。教員の「献身性」はこのように，学校教育を維持し，堅固なものにする社会統制としての役割を担っているのである。

　また単に，既存の制度を守るというような社会統制の役割を果たすだけではない。それは，教員自身にも働いて，他者の目を内面化した行為者の自己統制にもつながる。

　「専門家」であることは，その職業に従事する人々を，他職から優位に区別するメルクマールを必要とする。このとき，教員に「献身的なサービスと自律的な意思決定」の言説が，「専門家」の要素であると示されるならば，それが，主体に働きかける社会統制の1つの形となる。「職業上の変化（合理化）を促進するために，適切な行動をとる自律的な主体のための**懲戒メカニズム**」[15]と指摘されるように，雇用者側による目標の設定に対して，それが，被雇用者側の動機づけに作用することになるからだ。被雇用者が「がんばるのが重要だ」という態度を形成すれば，これによって雇用者側は，遠く離れていても，また直接手を下さなくても，被雇用者側が自ら進んで雇用者側の意図に沿うような行動をとってくれる。社会的な懲罰制度を用いなくても，都合よく，自らを律する人間がつくられるのである。教職の特徴は献身性にあり，それを体現するのがよい教員だという認識が形成されれば，教育上のさまざまな問題の噴出は

168

「教員のがんばりが足りない」と片づけてしまえるし，教員自身も「自分の力が不足していたからだ」と考えるにちがいない。

　このように，「献身性」が，当事者ではなく「上からの言説」として語られる理由は，子どもに対応する「献身性」を内面化した教員が，さまざまな矛盾や不合理を，そこで吸収・変容し，より大きな問題状況への疑義や不満につながらない仕組みを担うエージェントと期待されているからにほかならない。

　当事者の献身的活動は〈割に合わない〉ものになっているにもかかわらず，「やりがい」や「自己犠牲的献身」そのものを疑わずがんばってしまうのは，こうした懲戒メカニズムがうまく作動しているからであり，過重労働・長時間労働が改善しない理由はここにある。

　「献身性」を「利他的配慮」と捉えるならば，それ自体は否定されるような価値・行動ではない。むしろ，そうした性向・態度をもって職業に臨む人々に対しては，敬意が示されて当然である。

　したがって，「負担だから」という理由でそれを，学校教育の諸活動を排除する趨勢は，教職のあり方を根本的に変えてしまう重大な意味をもっている。これを主張する教員の「層」がマジョリティになった学校や教育は，どのようなものなのか。

　他方で，「献身性」を無前提に肯定してよいわけではないことも主張したい。何よりも，「献身的」であることの参照点が，相手その人にある場合には，無制限の要求に応えることになってしまう点，教育的関係のなかでの「献身性」は，子どもの成長を阻止する危険性をはらむ点，制度のなかで行使される場合には，それが本来的に意図されていたものとは異なるものへと転じる点については，十分に注意する必要がある。

　何よりも，何のための「献身」かを明確にすることは，最も重要である。そしてそれは，教員自身が，「何のための教育か」という根本的な点を真摯に問うことと同義である。

　制度のなかで決まったことを前提にして，とにかく目の前の子どもに「一生

懸命」であれという「献身」であるならば，果てしない多様な要求のもとに，教員はひたすら呼応しがんばり続けなくてはならず，最終的には「負担だから（やっていることのいくつかを）やめてしまう」というように，自らが結局は「献身的」でもなかったことを曝してしまうことにつながりかねない。

　必要なのは，人間や社会についての哲学や，現状を冷静に分析するまなざしを保障する社会科学的見方をもち，相手をも自分をも苦しめる〈統制〉のなかに取り込まれることなく，教育でどのような価値を実現すべきなのか，それを意識し問いつつ，目の前の相手に応答し，その応答を，理念や理想と照らし合わせながら，省察することであろう。

※教育学においては，研究上の用語と日常用語の区別が明確に定義されることが少ない。教員と教師の用語も同様である。教師という用語は，"師"に注目すると理解しやすいが，教える－教えられる関係のなかで，教えられる側が教える側をさす用語である。これに対して，近代公教育が制度化されて以降，教える組織である「学校」に雇用され，その組織のメンバーとなっている者が「教員」であり，主に法律用語として用いられる。公教育にたずさわる組織の一員としてのあり方を考えることが本章の目的であるので，ここでは「教員」という用語で統一した。ただし，引用等の部分に関しては原文のままとした。

本章を振り返る問い

　章末に記した下線の文章〈「負担だから」という理由でそれを，学校教育の諸活動を排除する趨勢は，教職のあり方を根本的に変えてしまう重大な意味をもっている。これを主張する教員の「層」がマジョリティになった場合，学校や教育は，どのようなものなのか〉について，以下のことを検討してみよう。

❶前半部分：根本的に変えるということの意味を，より具体的に考えてみよう。

❷後半部分：こうした〈層〉の教員がマジョリティを占める学校は，今の学校とどのように違うのか考えてみよう。

注

1 ）川村光（2009）「1970-80年代の学校の『荒れ』を経験した中学校教師のライフヒストリー ─教師文化における権威性への注目」『教育社会学研究』第85集。

2 ）中央教育審議会（2017）「新しい時代の教育に向けた持続可能な学校指導・運営体制の構築のための学校における働き方改革に関する総合的な方策について（中間まとめ）」。

3 ）中央教育審議会（2021）「『令和の日本型教育の構築』を目指して〜全ての子どもたちの可能性を引き出す，個別最適な学びと，協働的な学びの実現〜（答申）」。

4 ）文部科学省（2014）「OECD 国際教員指導環境調査（TALIS2013）」。

5 ）中央教育審議会の資料「教職員給与の在り方に関するワーキンググループ」第 8 回議

事録・配付資料「教員の職務について」2006年11月10日では，〈定時を超えた業務は，その「内容にかかわらず，教員の自発的行為として整理せざるをえない」〉との記述がある。

6）たとえば，大正時代の10名を超える死者を出した集団登山事件は，『聖職の碑』（新田次郎，講談社，1976年）として小説化，また映画化され，危機管理等の問題ではなく，師弟愛として受け止められている。

7）油布佐和子（1991）「現代教師の Privatization」『福岡教育大学紀要』第40号，第４分冊，175-191頁／同（1994）「現代教師の privatization（３）」『福岡教育大学紀要』第43号，第４分冊，197-211頁など。

8）具体的には「部活動指導員」の配置や「地域移行」への取り組みをさす。

9）部活の負担という用語で述べられているとき，念頭にあるのは野球やサッカーなどの競技スポーツや，あるいは吹奏楽など，全国大会を前提にしている部活がほとんどである。生物部や天文部，手芸部や図書部などといった趣味・教養系の部活のことではない。しかしながら，こうした部活の活動内容の際は一蹴されたまま議論と施策が進んでいる。さらに内田（2022）が述べるように，部活には「文化資本の民主的分配」という側面が存在していた。また，学習指導要領には，決められたカリキュラムの履修ではなく，子どもたちが「自由に，自主的に」活動することを保障された場として位置づけられており，したがってそこでは，先の川村の事例にみるように，正規のカリキュラムのなかでコントロールされた姿とは異なる児童・生徒の姿に，教員が「出会う」場所でもあった。部活は，このように学校教育のなかに存在する意義を多面的に有している。しかしながら，教師の「負担」が大きすぎるということで，その運用についての議論はないままに，教師自身が，それを丸ごと排除しようという動きになっているのである。参照まで，内田樹の研究室2022．6．27「部活は生き残れるのか」（http://blog.tatsuru.com/2022/06/27_0934.html）では，部活が，貧しい家の子でも運動器具や楽器やさまざまな機材を無償で使うことができ，運動能力や芸術的才能など，自分の「隠された資質」を発見する機会であったことが，その意義であると指摘されている。

10）岡田敬司（2002）『教育愛について かかわりの教育学』ミネルヴァ書房，105頁。岡田は，教育愛を「子どもを利することをもってわが喜びとすること」と述べており，献身性という用語は用いていないが，同様の事案を念頭においていると判断した。

11）岡田，前掲書114頁。

12）畠山弘文（1989）『官僚制支配の日常構造』三一書房／同（1994）「善意による支配—日常活動における第一線機関の統治の一様式」『犯罪社会学研究』第19号。

13）濱名陽子（2016）「教員・保育者に求められる資質能力としての『教育愛』に関する考察」関西国際大学教育総合研究所『教育総合叢書』第９号，165-173頁。

14）畠山，前掲論文49頁。

15）J. Evetts（2013）Professionalism : value and ideology, *Current Sociology Review* 61 *(5-6)*, pp. 778-796.

14 教師による教育研究

1 研究能力は教師に必要な専門的能力か

　ヨーロッパに自由な人的，物的な資源の流通をベースにした経済共同体を組織することを目的として発足したEU（ヨーロッパ連合）は，2020年までの成長戦略「Europe 2020」の中心的課題の一つとして教育制度のパフォーマンスの強化を掲げ，2013年にその中心機関である欧州委員会（European Commission）は加盟国の教師教育の現状に関する調査報告 "Key Data on Teachers and School Leaders in Europe" を公表した。

　図14.1は，その報告において紹介されている，加盟国の教員養成課程について適切なプログラムが実施されているかどうかを確認した結果である。興味深いのは，それを「教育についての研究方法論（educational reseach methodology）の理論的教授」「自身の研究にもとづいた，教育学的問題についての最終学位論文」「習得すべき力量リストに記載された，教育実践において教育についての研究をする能力」「学習期間中の実践的な教育についての研究活動」「教員養成において教育についての研究のトレーニングに関するガイドラインがない」

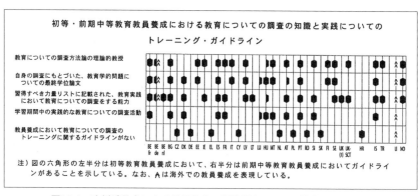

図14.1　欧州委員会による教師教育の現状調査における教育研究の重視

出所：紅林・川村　2014（元データは European Commission/EACEA/Eurydice, 2013. Key Data on Teachers and School Leaders in Europe. 2013 Edition. Eurydice Report. Luxembourg : Publications Office of the European Union.）

の5項目で確認していることである。養成課程が教育研究のトレーニングを積むカリキュラムになっているかどうかに焦点を当てており，教師に必要な専門的資質として教育研究能力を重要視していることがわかる。

これとほぼ同時期に，OECD（経済協力開発機構）も，実践の質を高めるために役立つ教育研究を紹介するプロジェクトの成果として『学習の本質　研究の活用から実践へ』（2010年）を刊行している。そこでは，エビデンス重視の教育にかかわって研究が必要であることが強調され，蓄積されてきた広範な研究成果に基づいて，今後重視されていくであろう学習の7つの原理（①学習者を中心とする，②学習の社会性を重視する，③感情が学習にとって重要である，④個人差を認識する，⑤すべての生徒を伸ばす，⑥学習のアセスメントを活用する，⑦水平的な関係を作る）を世界中の教師に向けて発信している（OECD教育研究開発センター，396-399頁）。

OECDは2013年に実施したOECD国際教員指導環境調査（TALIS：Teaching and Learning International Survey）においても，教師の職能発達の機会として，「教育に関する会議やセミナー（教員又は研究者が研究成果を発表し，教育上の課題について議論するもの）」への参加や，「教員の職能開発を目的とする研究グループへの参加」「職務上関心を持っているテーマに関する個人研究又は共同研究」をあげて，研究に着目した職能発達の実態調査を行っている（国立教育政策研究所，2014）[1]。

これらはいずれも教育における研究の重要性を指摘するものであり，国際的な動向として研究能力が教師に求められる資質として重視されるようになっていることがわかる。ただし，研究者が中心となってまとめた『学習の本質研究の活用から実践へ』では，研究は研究者，実践は教師という役割分担が前提とされており，教師の職能の重要な1つとして教育研究を位置づけるほかの2つとは異なる立場がとられている。

教育研究の担い手が研究者なのか，教師なのかという問いは，日本の教師にとっての教育研究を考えるうえで重要である。日本においては，校内研修，校内研究として，教師が日常的に教育研究を行い，実践開発を行ってきた歴史が

ある。それらを通して学校現場が新しい教育課題に対応した実践を主体的に開発してきたところに，日本の教育が高い教育効果を上げることに成功してきた一因がある。現在は教師が狭義の教育実践（教科指導と生徒指導）に専念する働き方改革が進行しているが，それは日本の学校教育がもつ最大の長所を捨てることになりかねない。

　そもそも日本において教育の実践的研究や教育の理論の構築を先導してきたのは，現場の教師たちや，自身の現場での経験を元に理論構築を行った実践家たちであった。また，わが国の学校教育が高い教育効果を上げてきたのは，新しい教育課題に対応するためのプログラムが盛り込まれた学習指導要領が公示されてから実施までに２年から３年の試行期間が設けられていて，その間に研究指定校や研究開発学校等が中心となって学校現場で新しい教育のモデルプランを開発し，全国の学校がゼロからスタートしなくてもよいようにしてきたからである。新しい実践モデルを開発する研究力を学校現場がもっていたことが，日本の教育を十全と機能させてきたのである。

　現場が研究力そして実践の開発力をもってきたことには，もう１つ重要な意義がある。EU や OECD という教育と直接関係づけられていない組織が教育に関心を向けているように，教育改革は主として経済発展を目的として行われる。経済のための教育，国家のための教育の観点から教育の改革は進められるのである。これは日本も同様だ。ゆとり教育に振り回されたのは他ならぬ子どもたちだった。しかし，日本人はみな教育が子どものためのものであることを疑わない。それは，現場レベルで，教育を教師が子どものための教育につくり変えて，実践しているからである。行政施策を現場で運用可能な取り組みにつくり替える働きのことを《翻案》というが，教師による《翻案》によって，経済のための教育，国家のための教育は子どもたちのための教育になり，子どもたちは紛れもない自分たちのための授業を受けて育っていく。それを支えてきたものが，教師の実践開発力なのである。

　さて，国際的な動向と日本の学校が高い教育効果を誇ってきた理由を通して，学校現場に《研究》が必要であることを紹介してきたが，こうしてみると，教

師の研究力への注目は日本にとって目新しいものではなく，むしろ世界の国々がこれまで高い教育効果を上げてきた日本の学校教育システムに近づこうとしているようにもみえる。ところが働き方改革の要請のなかで，当の日本はいまその研究機能を縮減する方向に舵を切りつつある。はたしてそれでよいのだろうか。《研究》を教師に必要な資質能力として積極的に位置づけることは，むしろ今後いっそう重視されなければならないのではないだろうか。

2　なぜ教師が教育研究をしなければならないのか

　教師が教育研究を行うことの必要性は，教育の変化や教師に求められるものの変化によって高まっている。

①　エビデンスに基づく教育と教育研究の必要性

　現在，学校教育には，教育の効果を可視化し，それを共有することによって，科学的な根拠のある〈効果が期待できる実践プラン〉を実施する**エビデンスに基づく教育**が求められている。これは，さまざまな分野の組織で採用されているPDCAサイクルと呼ばれるシステムの自律的な改善機能を，学校現場の**カリキュラムマネジメント**に取り入れるものである。PDCAサイクルとは，根拠に基づいて実践プランを立て（Plan），実施し（Do），実践の成果や効果を確認し（Check），その結果の丁寧な考察を通じて実践を更新する（Act）1セットの実践のループを，螺旋状に継続的に展開し，実践を発展させていくマネジメントモデルであり，文部科学省は，このマネジメントサイクルを機能させるために，毎年すべての公立小・中学校で以下の3つを目的する**全国学力・学習状況調査**を実施している。

・義務教育の機会均等とその水準の維持向上の観点から，全国的な児童生徒の学力や学習状況を把握・分析し，教育施策の成果と課題を検証し，その改善を図る
・学校における児童生徒への教育指導の充実や学習状況の改善等に役立てる
・そのような取組を通じて，教育に関する継続的な検証改善サイクルを確立する
（文部科学省「全国学力・学習状況調査の概要」）

　この学力データは，1年サイクルのマネジメントとして活用することもでき

るし，同種のコンピテンシーを測定できる過去問が既に複数蓄積されているので，それを利用すれば学期毎の教育効果を確認するような，数ヶ月サイクルのマネジメントに活用することもできる。各学校において，効果的に活用することによって，実践の成果や効果を確認し，実践を更新するPDCAサイクルを機能させることが期待されているのである。

　図14.2は，ある年の小学校の全国学力・学習状況調査の結果について，当時の学校現場で実践することが重要だと考えられていた学習活動の教育効果を確認したものである[2]。5つの学習活動は，今ではほぼすべての学校で，当たり前のように重視されているものである。

　図14.2上部の表1は，サンプルの全体について教育効果を確認したものだが，「自分の考えを発表する機会がある授業」が，学力調査の対象である4つの学習領域すべてに対して効果が確認された一方で，「グループでの調べ学習」と「授業の初めに目標（めあて，ねらい）を示す」は，国語A，国語B，算数A，算数Bのすべてにおいて効果が認められていない。また，「友達と話し合う活動を取り入れた授業」は，国語には効果があったが，算数には効果が無かった。そして，「学習内容の振り返り」は，国語Aのみに効果があるという結果であった。以上の結果は，子どもたちが自分の考えを発表したり話し合ったりする機会がある授業以外の手立ては，必ずしも大きな効果を生み出していないことを示している。

　しかし，以上の結果から，現場はほとんど役に立たない提案に振り回されていると結論づけるのは早計に過ぎる。図14.2下部の表2は，教育力をもっている家庭の子どもと家庭の教育力が低い子どもに分けて，それぞれについて効果を確認したものだが，表からは，教育力のある家庭の子どもたちにとっては，「自分の考えを発表する機会がある授業」以外は特別な効果がないが，家庭の教育力が低い子どもたちにとっては，「自分の考えを発表する機会がある授業」「友達と話し合う活動を取り入れた授業」「学習内容を振り返る活動がある授業」に一定の効果が期待できることが明らかになった。

　さて，ここから私たちはエビデンスについて何を学ぶことができるだろうか。

表1	国語A		国語B		算数A		算数B	
	Y	N	Y	N	Y	N	Y	N
児童全体								
5年生までに受けた授業では, 本やインターネットを使って, グループで調べる活動をよく行っていたと思いますか								
5年生までに受けた授業では, 自分の考えを発表する機会が与えられていたと思いますか	>		>		>		>	
5年生までに受けた授業では, 学級の友達との間で話し合う活動をよく行っていたと思いますか	>		>					
5年生までに受けた授業のはじめに, 目標(めあて・ねらい)が示されていたと思いますか								
5年生までに受けた授業の最後に, 学習内容を振り返る活動をよく行っていたと思いますか	>							

表2	国語A		国語B		算数A		算数B	
家庭の教育力に恵まれている児童	Y	N	Y	N	Y	N	Y	N
5年生までに受けた授業では, 本やインターネットを使って, グループで調べる活動をよく行っていたと思いますか								
5年生までに受けた授業では, 自分の考えを発表する機会が与えられていたと思いますか			>					
5年生までに受けた授業では, 学級の友達との間で話し合う活動をよく行っていたと思いますか								
5年生までに受けた授業のはじめに, 目標(めあて・ねらい)が示されていたと思いますか								
5年生までに受けた授業の最後に, 学習内容を振り返る活動をよく行っていたと思いますか								
家庭の教育力に恵まれていない児童	Y	N	Y	N	Y	N	Y	N
5年生までに受けた授業では, 本やインターネットを使って, グループで調べる活動をよく行っていたと思いますか								
5年生までに受けた授業では, 自分の考えを発表する機会が与えられていたと思いますか	>						>	
5年生までに受けた授業では, 学級の友達との間で話し合う活動をよく行っていたと思いますか			>					
5年生までに受けた授業のはじめに, 目標(めあて・ねらい)が示されていたと思いますか								
5年生までに受けた授業の最後に, 学習内容を振り返る活動をよく行っていたと思いますか	>				>		>	

図14.2　学力データによる5つの学習活動の効果の分析事例

出所：紅林（2015）
注：調査結果を公開しない当時のルールに基づき数値は不掲載。あてはまる（Y）とあてはまらない（N）の間に有意差のあるものに不等号。

重要なことは, 効果のない学習活動を続けることは問題だが, 効果が隠れていることに気づかずにやめてしまうこともまた問題だということだ。文部科学省が推進する新しい教育プランは, 多くの専門家の検討により, 「一般的に」効果が期待できる学習活動として提案されたものである。しかし, 統計的に見れば, その効果は10%程度のものであるケースが多い。このことは, どの子どもに効果があるのか, どのように行えば効果があるのかを考えなければならないことを意味する。図14.2の2つの分析結果では, 「グループでの調べ学習」と

「授業の初めに目標（めあて，ねらい）を示す」には教育効果が確認されていない。しかし，別のカテゴリーを設定して分析すれば，効果のある子どもたちが表れるかもしれないのである。正確なエビデンスに基づく教育のむずかしさは，ビースタ，G.によって，教育行為が医療の治療行為と異なり，ゴールを所与のものとして特定することができず，状況依存的で価値生成的な特性をもっていることに由来するものとして指摘されている（ビースタ，2016）。また，ビースタは，そうした特性をもつ教育は，仮説検証型の研究とはなじまず，実践を通して仮説を生成，更新していく**アクションリサーチ**と親和的であることや，その研究は研究者が専門的に占有するものでなく，教師と研究者が協働して行わなければならないことを指摘している（同2016）。

　教育の特性に基づくビースタの提案は，日本の教育研究においても適合する。むしろ，学校現場が高い研究力をもってきた日本では，ビースタが想定する以上に，教師が中心的な役割を担う協働的研究が展開できる可能性がある。教師にはそうした実践的研究者としての創造的な役割が期待されるのである。

② 意思決定資本と教育研究の必要性

　教師による教育研究の意義を，教師自身にとっての意義という観点から指摘しているのが，ハーグリーブス，A.とフラン，M.である（2022）。かれらは専門職としての教師に必要な資質能力を，「資本」という概念を用いて，「人的資本」「社会関係資本」「意思決定資本」の３つに整理している。

　人的資本とは，教育内容や子どもに関する知識や，教える技術や子どもへの共感的な理解などの「教職において不可欠な知識とスキルを有し，そして開発すること」（200頁）である。いわゆる資質能力として語られてきたものの多くは，人的資本にまとめられる。

　社会関係資本は，教職を務めるにあたってモチベーションを高めてくれる人や共同体との関係を有していることや，実際に協力や手助けをしてくれるような人が存在していることである。校内での同僚との関係性だけでなく，教師という職業を共有している学校を越えた仲間，さらにはチーム学校としての学校関係者，プライベートな家族や友人との関係が含まれる。

意思決定資本については，次のように述べている。「判断するための潜在能力，あるいはより良い判断は，証拠や規則が絶対的に明らかでないとき，不可避で不確実な状況の只中で決定する能力に依存するのである」（207頁）。そして，司法の判例法を手本とし，「あなたが事例を調査する方法を知り，保護者や組合員や他の助言者とともに1000を超える事例でその調査方法を実践するならば，必ずやあなたは判断する方法を知ることになるだろう。意思決定資本はここで，専門職が経験と実践と省察を通して獲得し，蓄積していく資本となる。」（208頁）と書いている。教師自身にとっての研究の必要性は第一にこの意思決定資本にある。教師は，自身がかかわっている教育のプロセスやそこで起こっている教育の現実，あるいは同僚や先人が蓄積してきた教育の事例に反省的なまなざしを向け，そこから導き出した個人的な実践的知識に基づいて，教室において必要な判断や決定をする。

図14.3は，児童が授業中に目線を向けた対象を，1秒単位で確認し，授業の流れや教師の指導に沿った対象に視線を向けている順学校的な時間を整理した結果である（川井他，2023）。観察の対象となった3人のなかで1名（A児）は教師が特別に配慮する必要を感じている児童である。

3名の視線 Still を比較すると，A児はほかの2人に比べて順学校的対象に視線がとどまっている時間が少ないことがわかる。しかし，内訳をみると，教師を見ている場面はA児が多く，ほかの2人は授業の流れに沿った学習活動をしていても，ほとんど教師を見ていない。B児は自分の机の上で個人学習を行い，C児は友だちとの協働的な学習に取り組んでいる。2人の視線 Still はかれらが自分のものとなっている学習課題に取り組んでおり，教師の指導もそのための音声情報として利用していることを示している。いっぽう，A児は，ほかの2人に比べて，教師以外の対象に視線を向けている時間が少ない。A児は，ほかの2人の

	友だち	机	黒板	教師	その他	順学校的
A児	20	1269	294	146	41	1770
B児	31	2152	374	22	33	2612
C児	84	1565	617	1	46	2313

図14.3　授業時の準学校的視線 still の時間（秒）
出所：川井他（2023）より表の形式を一部修正

ように，自分の学習課題に取り組みながら教師の話を聞くという学習行動をとることができていないのである。

　これは，教師がA児に対してかれの特性に応じた適切な支援的関与をしているからだと理解することができる。しかし，ほかの2人が自分の学習課題に取り組んでいるのに対して，A児は教師の指導に対応することに終始している。それは，一見適切にみえるA児への支援的関与が，A児をその時間の授業に引きつけておくだけのものであり，同じ教室にいてもA児にほかの2人と同じような自分の学習課題に取り組む学習体験をさせることができていないことを意味するのかもしれない。A児とほかの2人の学習の違いは，個性的な学習のバリエーションでなく，まったく異なる学習体験なのである。この理解と向きあったとき，A児への支援課題が，A児が学習課題を自分のものにできるように支援することや，もともともっている主体的な学習意欲を尊重した指導を行うことにあることがみえてくるだろう。

　教師が教室の子どもたちの個に応じ，個を支援する教育を行うためのヒントは，教室の現実のなかにある。いったん立ち止まって，教室の現実のなかから，自分の実践に必要なものを見つけることによって，教師は目的意識をもって，主体的に新しい教育に取り組むことができる。これが意思決定資本である。教師は日常的に実践の省察を行うことや，自身の実践や教室の現実を分析することによって，意思決定資本をいくらでも増やし，豊かにすることができるのである。

　教育研究の経験によって教師が得るものはこれだけではない。教育研究の経験は直接児童生徒理解の質を高めることにつながる。研究は基本的に，①起こっている事象とその事象にかかわる理論や先行知見を吟味して仮説を立てる，②仮説の視角から事例（データ）を集める，③学術的に有効性が確認されている手法によって分析作業を行う，④その結果を概念化することによって，問題となった事実を説明する新しい視角やアイデア（理論）を生成するという4つの作業プロセスで成り立っている。このすべてが，子どもというリアリティと向き合ったときにそのまま利用できる。先行研究や過去事例を参考にして適切に

子どもを理解しようとする。子どもを詳細に観察し，可能なかぎりの情報を集める。観察した事象から共通点や相違点を見つける。そして，そこでわかったことを一般化し，子どもの理解に役立てる。児童・生徒理解において，教師は，程度の差はあれども，これらのほとんどを無意識に行っている。そのそれぞれの精度を高めることに，研究の経験は役立つのである。

　全国学力・学習状況調査のB問題に象徴されるように，現在，学校教育では，各教科の学習において「見方・考え方」を修得することが重要とされている。各教科に固有の「見方・考え方」があるように，大学で学ぶ学問領域にも固有の「見方・考え方」があり，教育にも，研究にも，固有の「見方・考え方」がある。教師はしばしば「見方・考え方」が同質的であることを批判されるが，これは教師として振る舞うことが求められる日常のなかで，教育の「見方・考え方」にとらわれてしまうからである。教師が研究を日常的に行うことは，教育の「見方・考え方」とは別に研究の「見方・考え方」を自分のものにすることにつながる。研究の「見方・考え方」とは，事実に基づき，分析的，客観的，説得的に現実を再構成することを通して，新しいモデルを創造するものである。その「見方・考え方」を修得することは，教師にとって自分の「見方・考え方」に別の「見方・考え方」を1つ加える以上の意味をもつ。それは，自身の実践やその実践が生み出した現実を問い直す省察の力を高めることにつながり，力のある「意思決定資本」を生み出すのである。

3　教師に期待される教育研究はどんなものだろうか

① 教師の研究がかかえる構造的な制約

　教師が行う教育研究は，教育実践の質を向上させる目的と直結しており，実践のなかで見えてきた課題に対応するものが中心となる。教師は実践をしながら研究をし，研究の経験とその研究の成果を現場に直接還元できることが，教師の現場での研究の特徴である。しかし，この特徴は教師による研究だからこそ可能なポジティブな側面である一方で，教師の研究の価値を学術研究に比べて低いものにしてきた。教師の研究は，学術研究の評価基準を厳正に適用した

ならば，分析的，客観的，説得的という点で，あげれば切りがないほど多くの制約や限界があるからである。

第一は，研究に関する専門知識や技能の問題である。学術研究の領域では，研究の技術革新によって，研究を専門にしている者でも最先端の技術には対応がむずかしいほど，研究の高度化と多様化が進んでいる。研究について専門的に学ぶ機会が十分に保証されていない教師がそれらを有効に活用し，主体的に適切な研究計画を構想することはなかなかむずかしい。そのうえ，学校現場には研究のための専門的機材やソフトが備わっておらず，それを整備するための予算枠もない。全国学力・学習状況調査の結果を有効に活用できない最大の理由はここにある。

第二は，時間の問題である。研究においては，研究計画を立てることが重要だが，それにはたいへんな時間がかかる。まず，課題となる教育現象について予備的な調査や先行研究の整理を行い，現時点で何が明らかになっていて，何が明らかになっていないかを明らかにしなければならない。そして明らかにしたい課題について仮説を立て，その仮説に基づいて，課題となる教育現象にアプローチするのに適した方法を選択する。しかし，それらのことをするための時間が教師に職務として保証されていない。また，教師が実践と研究を行うためには，異なる２つの時間を生きなければならないという困難が伴う。研究者は，研究のためのデータを現実から切り取り，時間をかけてそれを分析する。つまり研究者は時間を止めて過去と対峙する。しかし，実践者の時間はその間も進んでいく。実践者が対峙しているのは，刻々と更新されていく現在なのである。

第三は，研究方法についてである。教師が行う教育研究で用いられる方法には学術研究の長い歴史のなかで構築され，精緻化されてきた**実験法，調査法，観察法**という３つの実施形態と，データの収集や分析の方法として**量的分析（定量的研究）**と**質的分析（定性的研究）**の２つのアプローチの仕方がある。おおむね教育研究のほとんどはこれらの５つの組み合わせで構成されている。しかし，それぞれの方法を適正に実施するための条件を教育研究で整えることは，

以下のような点でむずかしい。

・要因や条件を完全にコントロールすることができない
・比較のための複数の事例の設定がむずかしい
・多変量の分析を行うためのサンプル数（生徒数や教員数）の確保がむずかしい
・記録を含めて厚いデータのための情報収集がむずかしい
・多様な活動が同時に進行している
・（アンケートやインタビューなどの）調査自体が教育効果をもつ
・調査場面における関係性（教師と生徒の関係性）が実践の成果の主要因になっている

　こうした状況のなかで，一番やってはいけないことは，その不完全な研究をあたかも研究としての要件を満たした適正なものであるかのように扱ってしまうことだ。正当でないデータから得られた結果は正しい結果ではない。これは研究の基本である。しかし，構造的に学術研究が確立してきた研究方法のための条件を確保できないとしたら，教育研究はどのようにすればよいのだろうか。そこで，学校現場の条件において実施可能な教育研究として注目されているのが，アクションリサーチ型の実践的な教育研究である。

② アクションリサーチ型の実践的教育研究

　秋田喜代美の整理によれば，アクションリサーチとは，「変化への着想から，変化の対象となるような問題となる事実を見いだし，その解決変化にむけて具体的な介入の手順を計画し，実際に実行する。そして何がどのように変わったかを評価し，その結果からさらに計画をたてて実行し，評価するとつぎのサイクルへと移行していくという循環的過程を観察記録し，そこから具体的なその場に働く理論を考えようとする方法」（秋田，166-167頁）である。つまり，現在，教育現場で重視されている，実践のPDCAサイクルを研究的に実施したものが，アクションリサーチなのである。

　秋田は，これを「どのような力がそこに働いているのかを連続的力動的な変化をとおしてとらえていく変化実験」とし，考案者であるレヴィンの「その場

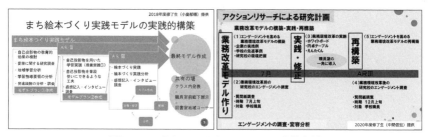

図14.4　アクションリサーチの2つの実施事例
出所：2020年度日本教職大学院協会研究発表大会におけるスライドより作成

に生きている人が参加し変化の担い手となる」という研究主体の立ち位置を紹介して，アクションリサーチが教師の研究として行われる必要性を指摘している（同166頁）。

　アクションリサーチが教師の研究として有効であるのは，上にあげた構造的な問題を〈除く〉ことをめざすのでなく，それらを要因の1つとして研究の構造のなかに〈積極的に組み入れる〉戦略的転換にある。たとえば，教師が行う教育研究では，研究者が教育者でもあるため，調査や実験自体が大きな教育効果をもってしまい，総じて仮説のとおりの結果が出やすい傾向がある。かつて研究者は授業を観察する際には「石になれ」といわれた。現場の現実に観察者が影響を与えてしまったら，正確な実践の効果は確認できないため，影響がないように振る舞わなくてはいけないということだ。医療における薬の臨床研究では，プラセボ対照試験というものが行われている。これは，薬の効果を確認するために，薬を服用したと信じることの効果をはじめ，薬を服用したことで起こるさまざまな条件の変化をコントロールするために，効果も害もないことが明らかになっているプラセボ（偽薬）の服用群と効果を測りたい薬の服用群の比較を行うという実験である。条件のコントロールを厳密に行うならば，そこまでのことが行われなくてはならないのである。もちろん同じレベルの条件のコントロールが教育研究でも必要だというつもりはないが，大きな効果をもつ要因を無視した考察は適切ではない。アクションリサーチ型の研究では，状況や条件の変化を，実践モデルに組み込みながら，より発展的な実践モデルを

生成していく。実験や調査が教育効果をもつならば，それを含めた分析により新たな知見を導き出すのである。したがって，研究と実践が同時進行していくなかで，研究計画や研究枠組み，研究方法も，そのなかで形を変えていく。教職大学院で実際に院生が取り組んだアクションリサーチの研究過程を一例として示したものが図14.5である。

　2つのアクションリサーチ型実践的教育研究は，それぞれ2期，または3期の実践の実施期間を設けて，各期の実践の終了時にその間の実践の成果と課題を確認，検証し，次の期に向けて実践の修正を行うサイクルを繰り返す形で実施されている。実践の成果は多面的に確認され，その過程で収集可能な成果物

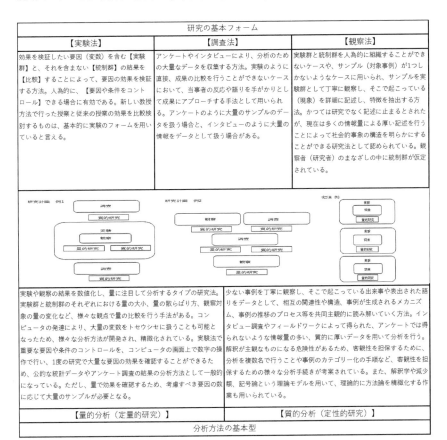

図14.5　アクションリサーチ型実践的教育研究の実施過程

や対象者の声，評価，さらにはその実践を行っているときの様子など，あらゆるものが効果を確認するためのデータとして用いられている。そして，大学院での研究の終了時に，その時点での実践の到達点と研究期間を通じた研究プロセスの全体を実践的教育研究の成果として報告している。このようにさまざまな角度から成果の検討を行う**混合研究法**が用いることが，アクションリサーチの特徴である。

　アクションリサーチは1つの調査で得られたデータの確かさを追究するのではなく，多種多様なアプローチによって得られた複数のデータによって，教育事象の分析における避けがたい弱点や限界を補い，全体としてデータの信頼性を高めることをめざす。アクションリサーチ型実践的教育研究では，研究が随時発展的に拡大していき，必要に応じてインタビュー，質問紙，観察，成果物など，可能な限りのデータを集め，それらの総合によって確かなエビデンスをつくるのである。もちろん，このとき，1つひとつのデータ作成は，基本的に適切な調査手続きにそって行われていなければならない。正確な研究を，モザイクのように組み上げて，教育現象の全体図を描き出すことをめざすのである。

　このスタイルの研究は，1つの実践の成果を生み出すシングルループで完結するのでなく，1つの実践のループが次の実践のループにつながっていくマルチループの継続的な更新モデルである点で，学校現場で一般的に行われてきた校内研究とも異なっている。そのために重要なことは，第2のループ，第3のループを生み出すA（Act）が十全と機能することである。アクションリサーチの発案者であるレヴィンがアクションリサーチにおいて研究者の役割を重視し，アメリカの学校改革においてアクションリサーチが有効に機能した事例の研究を行った鈴木悠太は，それらが大学の研究センターや研究者グループとの共同研究として行われたことに注目しているように，このプロセスには研究者が積極的にかかわることが期待されている。わが国においても，教職大学院という新しい教育・研究機関が，今後こうしたタイプの研究の推進役を担っていくことになるだろう。ただし，そこでは，A（Act）を現場で機能させる役割は，研究者が直接担うのではなく，研究者の支援のもとで高度な専門教育を修

了したミドルリーダーが実践的に担う，現場が研究力をもってきた日本の学校の強みを活かしたアクションリサーチ型の実践的教育研究が展開されると期待している。全国で53校に展開されている教職大学院を中心に，そうした研究への指向性をもつ教育研究機関は増えてきており，教師が積極的にそうした機会を利用できるようになっていけば，学校現場にアクションリサーチ型の実践的な教育研究の文化が広がっていく日も，決して遠くはないだろう。

③ 教育実践研究における研究倫理

　さて，現場で行われることが期待される教育研究とはどのようなものかについて，その代表的なモデルとなっているアクションリサーチを例に紹介してきた。最後に研究を行うにあたって遵守すべきとされている研究倫理について紹介しておこう。学校現場は，自校の教育効果を上げるための教育研究を日常的に行うことが求められているため，そのための調査などを自由に実施してきた経緯があり，研究として行っている教育研究との境界が曖昧で，研究倫理の認識が定着していない。しかし，近年，研究機関では研究倫理の徹底が強く求められるようになっており，研究機関に所属している研究者は，所属機関が実施している研究倫理の学習会に毎年に数回参加し，研究倫理を学習し，その認識を高めることが求められている。そこで，研究にあたってどのような研究倫理が重視されているのかを紹介して終わりたいと思う。

　研究倫理は各研究分野によって異なるが，おおむね以下の6点が共通する主要な事項となっている。

> ■**研究関係者の人権保護**　研究の実施にあたって，研究協力者に協力を強制してはならない。研究の実施において，関係者の人権の侵害や差別等を行わない。
> ■**個人情報の保護**　研究で得た情報を研究協力者との間で結んだ契約を超えて，外部に漏らしたり，研究以外で使用してはいけない。
> ■**研究の著作権保護**　他人の研究成果やアイデアを盗用したり，勝手に使用してはいけない。使用する場合には出所・出典を明記するなど，適切な引用や参照を行う。共同研究者に対しても同様である。
> ■**適切な研究の実施**　科学的に正当とされている手法を用いて，事実に基づいた議論を行う。データをねつ造，改ざんしてはならない。
> ■**研究費不正の防止**　研究にかかわる経費はルールに従って適切に使用する。

以上の事項は，不正行為をしないという個人の意識の問題はもちろんであるが，トラブルが生じないための対策を講じていることが重要とされている。また問題が生じた場合の対応が適切に行えるように準備をしておくことが求められている。トラブルが起こる可能性のあることを行わないことは，研究上の危機管理として重要だが，研究を自制することによって研究の発展が妨げられることも望ましいことではない。どのようにすれば，適切に研究が実施できるのかを十分に考えて研究を進めることが求められるのである。

以上のような研究倫理について学習する機会が学校現場にいる教師たちに用意されていないことは，教育研究を推進している研究機関や学会等でも，課題となりはじめている。巻末の資料に，一般的な研究倫理について学習することが可能なサイト情報を掲載するので，研究をスタートさせたいと思っている人はどうか利用して勉強してもらいたい。

本章を振り返る問い

図のグラフはある期間の全国学力・学習状況調査の結果を整理したものである。Ｘ県の正答総数の全国順位の推移が小中別に示されている。Ｘ県では，2013年まで小学校の順位が下がっていったため，2013年に順位を上げるための取り組みを行い，その結果2014年には順位を上げることに成功した。このデータから読み取れることを話し合ってみよう。な

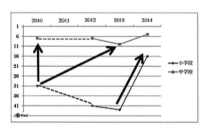

お，図に示されている３本の矢印は考える際のヒントになる学力の３つの変化である。３本の矢印に注目すると，Ｘ県の学力について，全国学力・学習状況調査について，日本の学校教育についてなど，さまざまなことがみえてくる。教育の成果を振り返ることの重要性を体験してみよう。また，４本目の矢印を見つけるとさらに多くのことを知ることができるかもしれなので挑戦してみよう。

注

1）TALIS は2008年度より５年ごとに実施されており，日本は TALIS2013以降の調査に段階的に参加している。現時点での調査報告書の最新版は TALIS2018である。

2）特定の学校データとならないように，複数の学校から一部の生徒データを無作為に抽出し，統合したデータを用いている。表は当時のデータを公開しないというルールに基づいて，数値を非表示としており，各学習活動を実施したグループ（Y）と実施しないグループ（N）の間に有意差があった項目を不等号で示した。

参考・引用文献

秋田喜代美（2005）「5章　学校でのアクション・リサーチ―学校との協働生成的研究」秋田喜代美・佐藤学・恒吉僚子編『教育研究のメソドロジー―学校参加型マインドへのいざない』東京大学出版会

OECD教育研究革新センター／立田慶裕・平沢安政他訳（2013）『学習の本質―研究の活用から実践へ』明石書店

川井巳由・紅林伸幸・浅井夏美（2023）「小学校の通常学級に在籍する特別な配慮を必要とする児童の授業における視線移動分析」『常葉大学教職大学院研究紀要』第8号，33-47頁

紅林伸幸（2015）「学力調査データを現場でいかに活用するか―教員資質としての教育リサーチ能力のための集中講座」『常葉大学教職大学院研究紀要』第2号，33-47頁

紅林伸幸・川村光（2014）「グローバリゼーションと高度化の中の教員養成改革―イタリアの取り組み」『滋賀大学教育学部附属教育実践総合センター紀要』第22巻，71-77頁

国立教育政策研究所（2014）『教員環境の国際比較（OECD国際教員指導環境調査（TALIS）2013年調査結果報告書）』明石書店

鈴木悠太（2022）『学校改革の理論―アメリカ教育学の追究』勁草書房

ハーグリーブス，A. & フラン，M.／木村優・篠原岳司・秋田喜代美監訳（2022；原著2012）『専門職としての教師の資本―21世紀を革新する教師・学校・教育政策のグランドデザイン』金子書房

ビースタ，G.／藤井啓之・玉木博章訳（2016；原書2011）『よい教育とはなにか―倫理・政治・民主主義』白澤社

文部科学省「全国学力・学習状況調査の概要」　https://www.mext.go.jp/a_menu/shotou/gakuryoku-chousa/zenkoku/1344101.htm（2023年10月10日最終閲覧）

15 未来に開かれた教師の仕事と発達

　本書最終章にあたる本章では，これからの教師の仕事と発達のあり方にかかわって，第1節では，教職を専門職とし，その専門的力量の発達のための条件整備についての国際的な合意について論述し，それをふまえて第2節では，現在の日本の教師たちの「生涯発達」の姿とその過程における「転機」を経ての「専門的力量の形成」について論究し，さらに第3節ではそのような発達と力量形成を支え促していく環境（「発達サポートシステム」と「ジェンダー平等」）整備について論究していきたい[1]。

1 教職は，国内外においていかなる職業として合意形成されているのか

① 戦後日本の教員養成の基本理念と「専門職」としての国際的合意

　第二次世界大戦後日本の教員養成は，日本国憲法（1946年11月3日公布）および教育基本法（1947年3月31日公布）をふまえ，1949年5月31日に公布，同年9月1日に施行された「教育職員免許法」（以下「教免法」）に始まる。この「教免法」が公布された当時，文部省の教職員養成課長をしていた玖村敏雄によれば，同法の基本理念は，①民主的立法，②専門職制の確立，③学校教育の尊重，④免許の開放性と合理性，そして⑤現職教育の確立の5点とされている。なかでもとりわけ，③学校教育の尊重は「大学における教員養成」を，④免許の開放性と合理性は「（制度としての）開放制下での免許状主義による教員養成」を，それぞれ意味しており，「戦後日本の教員養成の二大原則」と価値づけられてきている（戦前戦後の教員養成システムとその後の変遷については第3章を参照されたい）。

　そのような新たな理念とシステムの下で行われる教員養成によって，教育界に多様な個性を有した人材を送り出し，教育の抜本的改革・質的充実を図ろうとしたのであるが，それらの意義は，その後，以下にみていくような「教職（Teaching）は，専門職（profession）と認められる」との国際的合意と承認に

よっていっそう高められていくことになる。

　第二次世界大戦後，ILO（国際労働機関）とユネスコ（国際連合教育科学文化機関）は，教員の社会的経済的地位の向上に関心を払い取り組みを進めていたが，1966年9月21日～10月5日にかけて，本部があるパリにおいて「教員の地位に関する特別政府間会議」を開催した。そこには日本も含めユネスコ加盟の75カ国・準加盟国1カ国が参加し，前文および13事項146項目から成る「**教員の地位に関する勧告**」を全会一致で採択したのである。

　この「1966勧告」の第1項目において，「教員（Teacher）」とは「学校において生徒（pupil）の教育に責任を有するすべての者をいう」とされ，「地位（Status）」とは「教員の任務の重要性及びその任務を遂行する教員の能力の評価の程度に応じて社会において教員に認められる地位又は敬意並びに他の専門職と比較して教員に与えられる勤務条件，報酬その他の物質的利益の双方をいう」と定義されている。そして「6：教職は，専門職と認められるものとする。教職は，きびしい不断の研究により得られ，かつ，維持される専門的な知識及び技能を教員に要求する公共の役務の一形態であり，また，教員が受け持つ生徒の教育及び福祉について各個人の及び共同の責任感を要求するものである」と宣言されているのである。

　さらに，教員養成に関しては，「21の1：すべての教員は，大学若しくは大学相当の養成機関又は教員養成のための特別な機関において，一般教養科目，専門教育科目及び教職科目を履修するものとする」，身分保障に関しては，「45：教職における雇用の安定及び身分の保障は，教育及び教員の利益に欠くことができないものであり，学制又は学校内の組織の変更があった場合にも保護されるものとする」「46：教員は，教員としての地位又は分限に影響を及ぼす恣意的処分から十分に保護されるものとする」，教員の権利と責務に関しては，「61：教員は，職責の遂行にあたって学問の自由を享受するものとする。教員は，生徒に最も適した教具及び教授法を判断する資格を特に有しているので，教材の選択及び使用，教科書の選択並びに教育方法の適用にあたって，承認された計画のわく内で，かつ，教育当局の援助を得て，主要な役割が与えられるものと

する」「70：すべての教員は，その専門職としての地位が相当程度教員自身に依存していることを認識して，そのすべての職務においてできる限り高度の水準に達するよう努めるものとする」と，それぞれ規定されている（以上は，政府訳（仮），文科省ウェブサイトより）。

　上記「1966勧告」は，国際条約ではなく，それゆえ法的拘束力はない。しかし，それは学校や教師の自主性や自律性を尊重するがゆえの基本的慣行としての「勧告」形態であって，当然のことながら各国政府は「勧告」内容を遵守し，かつその内容に沿って自国の教育整備に努めることが求められている。その監視制度として1967年に設置されたのが「ILO・ユネスコ勧告適用共同専門委員会（略称：CEART（セアート））」である。各国の教員団体らは，自国の政府などによって「1966勧告」理念に反すると思われる政策がとられた場合，セアートに対して申し立て（allegation）を行うことができる。日本においても教職員組合によって，「指導力不足教員」問題と「教員評価」問題について（2002年），また「日の丸・君が代」問題について（2014年），それぞれ申し立てが行われ，上記専門委員会から調査団が来日し，日本政府に対して是正勧告(2008年，2019年）が行われている[2]。半世紀以上も前に制定された上記「1966勧告」とはいえ，今もなお，その内容は日本の教師にかかわる諸問題のあり様を考えるとき，常に立ち返り参照されるべきものであることに変わりない。

②「教員養成」から「教師教育」へ

　1970年代に入り，国際的には教育の量的な拡充が進むとともに，学校は多様な社会的経済的背景と文化・能力などをもった児童・生徒を受け入れるとともに，生涯教育の考え方が興隆してきて学校の役割も知識の伝達から能力・興味の開発へと変化が求められるようになってくる。そしてそれらに対応して，学校の教育内容・方法は新しく開発・更新される必要が，学校の機能も生徒の学習指導だけにとどまらず課外活動や家庭・社会生活までも視野に入れた指導へと拡充される必要が，さらには学校の組織も学校内の同僚・他職種との協働や学校外の保護者・地域住民などと連携する必要が，それぞれ求められるようになってくる。

こうした時代の変化のなかで，ユネスコによって召集された国際教育会議は，1975年8月27日から9月4日までパリで開催され，新たに「**教員の変化する役割並びにその教職の準備及び現職教育に関する勧告**」を採択した（同年9月3日）。そしてこの前文および7事項39項目に及ぶこの「1975勧告」においては，「11：教師教育が就職前の準備に始まり教師の職業の生涯を通じて継続する，不断のかつ調和のとれた過程として再組織されることを保証する総合的な施策が必要である」と宣言された（訳文は『教育委員会月報』1975年11月号所収）。

　ここで，「教員養成（teacher training）」ではなく，「**教師教育**（teacher education）」という用語が打ち出されことは，教育専門職者としての発達と力量形成が養成段階だけではなく採用・現職段階も含めて生涯にわたって遂げられなければならないこと，同時にそれは，単なる特定職業に向けた"training（訓練）"などではなく，大学の自治・学問の自由の下での研究に基礎をおいた"education（教育）"として遂行されなくてはならないということを意味している。

　日本においても，1970年代に就学児童・生徒の拡大に対応して国立教員養成系大学・学部の学生定員が拡充され，教育現場に大量の若い教員が送り出されていくが，1980年代に入って今度はそれらの教員たちの生涯にわたる専門職者としての発達と力量形成を図るさまざまな現職研修の整備＝生涯研修体系化が教育政策の主要課題とされていったのである。

　上記両「勧告」では，教育専門職者として与えられた身分保障や権利・権限とともに，教師に対して自らの知識・能力や職務の水準を生涯にわたって常に高めていく努力を，教育行政に対してはそのための条件整備の義務をも表明している。それは，誰に対する努力や義務かといえば，教育という援助を受けつつ自らの能力の十全なる発達を遂げていこうとする主体＝子どもに対するものなのであり，「子どもの最善の利益」（「子どもの権利条約（1989年），第3条の1」）実現のために教師に付与されている身分保障や権利・権限，教師および教育行政に課せられている努力や義務であることを忘れてはならない。

2 　教師はどのようなことを契機として発達を遂げていくのか

① 「生涯発達（life-span development）」と「転機（turning points）」

　教師のライフコース（Life course）を明らかにするうえで、「生涯発達」および「転機」という用語概念がある。「生涯発達」とは、誕生から身体と心の両面で大きな変化を伴い次第に安定していく成人期までのプラス・イメージが多い過程だけでなく、その後の中年期から老年期へと続くともするとマイナス・イメージの多い過程までも含む生涯にわたる全過程を視野に入れたものである。しかもその過程は、興隆から衰亡に転じるといった単純かつ画一的な姿ではなく、生涯を通して常に何がしかのものの獲得と喪失が同時に生起しつつ進行し、いくつかの質的転換を伴った段階を形成していく複雑かつ多様な姿を呈するものなのである。さらには、個体としての生物学的な諸要素に因るだけではなく、歴史的文化的諸条件によっても規定されているものなのである（Elder, G. H. ほか著／本田時雄ほか訳『発達科学』ブレーン出版、2006）。

　そのような「生涯発達」という新しい発達の観点・見方に立つことによって、必ずしも「発達」は、一定の目標に向かって「単調右肩上がり積上型」発達の連続した姿を描くものではなく、ライフコース上において、さまざまな出来事に遭遇し、その度ごとにそれまでの旧い衣（ものの見方や考え方など）を脱ぎ捨てつつ、直面する課題に立ち向かうための新たな衣を身に纏い直し、進み行く道を自己選択していくという、いわば質的な転換（ときには飛躍・停滞・後退など）を生み出しながら進行していく「**選択的変容型**」発達の姿を描くものだと特徴づけられるのである。その「質的な転換」が表れるときを「転機（turning points：教師のライフコース上では、教材観や授業観、子ども観や学校観、それらを含めたトータルな意味での教育観全体にかかわる変化とそれによって生まれる教師としての仕事の取り組み方に関わる変化）」と呼ぶのであるが、「生涯発達」としてのライフコース上においてはさまざまな要因によって、ときには複数の要因が互いに共鳴しあって多様な「転機」と「発達」の姿がもたらされるのである。

② 教師の「転機」と自己形成されていく「力量」

　では、教師として「発達」していく過程で、どのような事柄を契機として「転

機」が生み出され，その結果，いかなる「力量」が自己形成されていくのであろうか。それを探るべく現職教師を対象とした質問紙調査とインタビュー調査を行ってきた[3]。

　質問紙調査としては，「最近５年間のうちに教職生活に変化をもたらした公的及び私的生活上の出来事（＝教職生活上の「転機」をもたらす契機）」をたずねている。「退職したこと」や「その他」の項目も含め全部で17個の選択肢を設けて，複数選択可とし，回答を求めた。その結果，他項目と比べて比較的多くの回答者から選択されたのが，「１：教育実践上での経験」「２：自分にとって意味のある学校への赴任」「３：学校内でのすぐれた先輩や指導者との出会い」「12：職務上の役割の変化」「13：個人及び家庭生活における変化（結婚・出産，病気等）」の５項目であった。項目内容としては，教師としての職業生活上の出来事（契機）であるのが「項目１・２・３・12」であり，それらに対して，唯一個人としてあるいは家族としての私生活上の出来事としてあがっているのが「項目13」であり，注目しておきたい内容である。また，それらのうち前二者（項目１・２）は性・年齢段階に関係なく支持されているのに対して，後三者（項目３・12・13）は性・年齢段階によって支持率の増減変化を表している。

　つぎに，上記５つの項目ごとに，その特徴をみていきたい。

■「１：教育実践上での経験」
　これは，全体として最も高い支持率を表している項目であるが，年齢段階別や性別に関係なく多くの支持を得ている。たとえば，「ダウン症児がいる１年生のクラスを担任し，その子の指導に悩みながら，保護者の思いや子ども同士の関わり合いの素晴らしさを体験し，それまでの教育観や子どもの見方が大きく変わった」（50歳代教師）や「子どもそれぞれに適した支援があること，一人一人で目標の適切な高さが違うから，いかに子どもの実態を捉えるかが大切であるかということを学んだ」（20歳代教師）といった声が聞かれた。それぞれの教師が，さまざまな固有の問題をかかえている子どもたち（障害のある子，外国籍の子，不登校や問題行動を表す子，低学年やへき地校などの子など）と出会い，試行錯誤を繰り返しながらも，自分なりの指導方法・技術や指導の基本的考え方を新たに獲得し刷新していくことによって，それまでとは違った教師としての自分に気づき，教師としての自分の発達と力量形成を感じ取っていった経験内容であった。

■「2：自分にとって意味のある学校への赴任」

　これも年齢段階や性別にかかわりなく支持を得ている項目である。たとえば，「全国から授業を見に来る人がいるような授業研究が行われている学校に5年間在籍しました。あらためて，授業づくりの基本，子どもたちがお互いの考えを聞き合い，思考を深め，さらに発信して，話し合いを進めていく上で，どんな指導をしていったらよいのかということを教師として学ぶことができました」（50歳代教師）や「単学級の小学校へ赴任したことにより，地域を教材にした授業を組めたことや，あたたかな人間関係が子どもたちや保護者，また職員と図れた」（40歳代教師）といった声が聞かれた。それまで長年勤務した学校とは異なった校種や学年（たとえば，小学校から幼稚園／中学校へ，またはその逆など）の担当になったとき，従来の蓄積してきた経験が通用せず，苦労しながらも新たな赴任校や学年の教育活動に適した指導の考え方や方法・技術を学んでいくことになったこと，あるいは研修・研究活動が盛んな学校への赴任によって，自分のなかでも新たな学びの経験を得ていくことになったことなどが，「自分にとっての意味ある（＝教師としての力量形成上のレベルアップや教育観・指導観の変容などといった転機を形成する）」となっていったことなどを意味している経験内容であった。

■「3：学校内でのすぐれた先輩や指導者との出会い」

　これは，年齢段階が下になるほど支持率が高く，とりわけ20歳代の男性教師からは60％ほど，同年代の女性教師では45％ほどにも上っており，上記「1：教育実践上の経験」項目を超えるほどの高い支持を得ている項目である。たとえば，「同じ学年の30代の男性教師が学校全体のことをよく見ていて子どもへの指導も適切でずっと目標にしている」や「子どもの気持ちに寄り添い，子どもの力を引き出し，伸ばすことのできる人間性・専門性をもった先輩教員とティーム・ティーチングを組んだこと」（いずれも20歳代教師）といった声が聞かれた。職場での先輩教師たちから，授業や生徒指導に関する指導力や研究力，あるいは教師としての基本姿勢や教育観，さらには人間としての個性や魅力といったものなどに「すばらしさ」を感じ取っている事例が多い。とりわけ，若手教師たちにとっては，実践上の"つまずき"や"空回り"に直面した際に，それら先輩教師たちのアドバイスが，困難さを打開していくきっかけとなったり，進み行く方向性を指し示してくれるものとなったりしているのである。

■「12：職務上の役割の変化」

　これは，30歳代から上の年齢段階において支持率が高まっていく項目である。しかし，女性教師より男性教師からの支持率が高くなっていき，次第にその差が明瞭となっていく項目でもある。50歳代になると，男女間格差はいっそう拡大しているのが認められる。主に教頭・校長のような管理的職務，指導主事や教務主任のような指導的職務への就任を契機とした変化であることを語った回答事例が多かった。それゆえ自らの担任する子ども・学級という枠のなかでの教育活動から，学年・学校，あるいは地域全体という広い視野の下での教育活動へと，その

実践的関心を拡げ，教育活動のあり方を捉え直していく契機となっていることが認められる。しかし，教頭・校長等管理職指導職に就いたことによる変化を語る回答事例には男性教師からが多く，管理職への女性の登用の遅れといった状況を反映している項目でもある。

■「13：個人及び家庭生活における変化（結婚・出産，病気等）」

　これは，上記とは逆に，主に30および50歳代の年齢段階における女性からの支持率が高い項目である。自分の出産・育児の経験を通して，子どもを見る目や保護者の思いなどの理解，さらには教育に対する考え方が深まり変化したという回答事例である。たとえば，「子どもが生まれたことで，学校の子どもへの指導がうまくいかないときでも，『子どもとはそういうものだ』と思え，いらいらしなくなった」（30歳代教師）や「子どもの存在は大きい。親から親しみや共感・悩みを受け，理解し合えるようになった。親の苦労を考えるようになった。クラスの子どもにも親の気持ちを話すことができる。また，朝，学校に来るのが当たり前ではなく，親の世話によってと〔心配・喜び〕感謝するようになった」という声が聞かれた。家庭生活において出産・育児の直接的な担い手であり，学校生活では学級担任をし，子どもとの関係も時間的精神的に密にならざるをえない女性教師は，そのような家庭生活面での経験が，教師としての発達にも影響を与え，教職活動のあり方にも反映していく点で特徴的である。そうした点において，出産・育児の渦中に在るとき常に離職の危機と隣り合わせの生活をしながらも，その経験を経た女性教師は，迂回的ながらもその経験過程において「子どもを見る目」や「保護者の思い」などを細やかに感じ取る力量を獲得するという教師としての発達の姿を示しているのである。

3　教師としての発達と力量形成を支え促していくためには，どのような条件・環境整備が必要なのか

　教職における「長時間過密労働」の実態が広く認識されるようになり，「働き方」改革が進められている。同時に，教育分野におけるデジタル技術の導入によって子どもの学習のあり様ばかりか，教師自身の教育専門職者としての発達と力量形成に向けた現職研修のあり様もまた，大きな変革の時期を迎えている。今後のあるべき姿を模索していくうえでの重要課題を2点考えていきたい。

①「発達サポート・システム」づくりの課題

　上述してきたように，教師の教育専門職者としての学習行為が生まれ，発達と力量形成が成し遂げられていく場は，日常の教育実践であり，かつ公的領域のみならず私的領域にもわたる教職生活全体そのものである。教師の発達と力

量形成の原動力は，教育実践上のつまずきや困難さ，ときには私生活上の育児や自分自身の病気といった経験であったりもする。そこでの姿は，つまずきや困難さと悪戦苦闘するなかで周囲の援助を得ながらも自ら解決策や打開方向を模索し選択しながら進んでいく姿である。そしてそこには，順調に実践やキャリアを形成し力量を獲得していく時期ばかりではなく，社会の変化に伴って生ずる，子どもやその保護者たちの生活や意識の変化，あるいは国の教育政策や教育内容・方法などの方針転換のなかで，それまでの経験のなかから自己形成してきた力量が通用しなくなった，あるいは喪失してしまったのではないかとの思いさえ抱く時期を迎えることもある。しかし，そうした停滞や後退さえ覚える，時々の苦しい状況のなかで，状況を打開し自ら進みゆくべき新たな方向と獲得すべき新たな力量を模索し自己選択していく先に，それまでとは違った子ども観・教育観・教育的価値観などをもつ教師として非連続的・質的に変容し発達していった新たな自分自身に気づくのである。それは，入職間もない若い教師たちだけではなく，中堅やベテランといわれる経験豊かな教師たちにおいてもみられる，生涯にわたって繰り返される発達と力量形成の姿なのである。

　この教育専門職者としての発達と力量形成の営みに対して必要なのは，指導し引き上げていくような取り組みではなく，援助し支え促していくような条件・環境を整備していくこと，すなわち「**発達サポート・システム**」の構築が必要なのである。そのシステムは，さまざまな現職研修機会を用意し，既定の系列に即して受講を強いていくようなものなどではなく，発達主体としての教師自身が，自らの実践上の課題やニーズに即して，自由に一人で／仲間とともに取り組んでいく多様な自己／集団学習の場や，そうした自主的な営みを相互に認め合い・保障し合うような同僚間の関係性（同僚性や互酬性）を含み込んだものである。フォーマルな研修の場以上に，インフォーマルな日常の教職生活全体のなかに埋め込まれた「サポートの交換を通して展開されるネットワーク」こそが教師の発達と力量形成を支え促していく機能を有しているのである。

② ジェンダー平等の視点から教職の世界を問い直す課題

　教職という職業は，賃金や労働条件などにおいて男女平等の世界であり，何

よりも未来の主権者を育成するにあたって子どもたちに男女平等の原則を語り，身を以て示す世界である。しかしその教職の世界において，本来の姿と相反する事柄もいまだ少なくない。

たとえば，学校という働く場においては，校長等管理職登用をめぐっての男女間の格差が大きいこと，また男性教師は学校全体の運営関連の業務を扱うのに対して女性教師はいわば裏方の周辺的業務を担う傾向がみられること，さらには学年配置や担当教科，学校運営組織構造にも性別役割分業パターンがみられることなどの実態がある。さらには学校生活における夜間や休日の勤務が常態化し子育てや介護を担っている女性教師にとっては心身ともにストレスを増幅させている実態や，共働きにもかかわらず家庭生活においても女性は育児・家事を偏って担わされている実態もいまだ少なからずある。それらは「ケアレス・マン（家庭責任不在の男性）」の存在と働き方を暗黙的無意識的に前提とし成り立っている教職の実態であるといえよう。こうした実態は，教師たちが語る「オフィシャル・カリキュラム」としての男女平等原則を空疎なものと化し，容易に凌駕して，「ヒドゥン（隠れた／目に見えない）・カリキュラム」として子どもたちに学ばれ，再生産されていく。

「働き方」改革は，上述のような実態を放置したまま，たんに労働時間の短縮を図るとか，教師が担う業務内容や負担の見直しを図るとかといった是正策にとどめてしまってはいけない。ジェンダー平等の視点から，教職の世界における学校生活や家庭生活のあり方を問い直し，教職生活全体を意識のうえでも実態のうえでも改革していく取り組みとなっていかなければならない。その取り組みは，未来の教師である教職課程履修学生の皆さんの双肩にかかっている。

本章を振り返る問い
❶「教員の地位に関する勧告」を読み，そこでうたわれている内容と現在の日本の教員をめぐる現状とを照らし合わせながら，日本の教員がおかれている諸環境において今後改善が必要と思われる点を考えよう。
❷教師が教育専門職者として発達し力量を自己形成していく上で，現職研修制度のほかに，「発達サポート・システム」として必要と思われる事柄をできるだけ多く考えよう。

注

1）「教師」と「教員」という用語の使用に関しては，「『教師』という語が，教育するものとしての働きの面に着目しているのに対して，『教員』という語は，社会的制度的存在としての学校教師に注目しているものである」（久冨善之『日本の教員文化』多賀出版，1994年，3頁）との点を意識し使い分けしているが，本章で紹介している「1966及び1975勧告」内容の引用にあたっては，ともに政府等の公的訳に従っている。ただし，「1975勧告」における"teacher education"に関しては，公的訳の「教員教育」ではなく，今日広く使用されるようになってきた「教師教育」という訳語を用いている。その他，「教員養成」や「教員評価」など一般に使用が定着している用語はそのまま使用することにする。

2）2002年「申し立て」では，「指導力不足教員」認定問題（認定の規準や手続きなどの問題）と「教員評価」制度問題（評価の規準や手続き，情報開示や不服申し立てなどの問題）について，また2014年「申し立て」では，「日の丸・君が代」強制問題（入学・卒業式などにおける起立・礼・斉唱の強制とそれに従わない場合の処分などの問題）であった。2002年「申し立て」の場合はセアート調査団が来日する（2008年）など，日本政府に対して是正勧告（2008年，2019年）が行われている。勝野正章（2004）『「いい先生」は誰が決めるの？―今，生きるILO・ユネスコ勧告』つなん出版を参照されたい。

3）本章で使用するデータは，筆者が，戦後新制国立大学教育学部を卒業し，教職に就いていった年齢・性の異なる主に小・中学校教師たちに対する継続的な質問紙調査およびインタビュー調査のものである。質問紙調査は1984年に第1回が開始され，以後5年間隔で2014年の第7回調査まで実施されてきたが，ここでの記述は主に2014年調査（20歳代から50歳代の現職教師660名の回答）結果を使用している。これらの第1～7回質問紙調査および第1～3回インタビュー調査とその結果分析に関しては，山﨑準二（2002）『教師のライフコース研究』創風社，同（2012）『教師の発達と力量形成』創風社，同（2023）『教師と教師教育の変容と展望』創風社を参照されたい。

参考文献

日本教師教育学会編（2017）『教師教育研究ハンドブック』学文社
国立教育政策研究所編（2019）『教員環境の国際比較：OECD国際教員指導環境調査（TALIS）2018報告書―学び続ける教員と校長』ぎょうせい
──（2020）『教員環境の国際比較：OECD国際教員指導環境調査（TALIS）2018報告書　第2巻―専門職としての教員と校長』明石書店
浅井幸子ほか編著（2016）『教師の声を聴く』学文社
山﨑準二編著（2009）『教師という仕事・生き方（第2版）』日本標準

おわりに─教師の言葉に学ぶ

　教師が自らのライフコース上の〈転機（turning points）〉を語るときに用いる言葉がある。そのような言葉は，転機を生み出す契機となっている場合があり，あるいは転機によって生み出された新たな力量を示唆している場合もある。前者が，実践のゆきづまった問題状況（自分が思い描いている状況とは，何か違う，どこかうまくいっていないと感じる状況など）を表現した言葉であるのに対して，後者は，実践上の新たに生み出した展開状況（それまでの自分がもっていた実践上の考え方や行い方とは違うものだが，それによってゆきづまった問題状況が打開できたと感じられる状況など）を表現した言葉である。

　多くの場合，それらの言葉自体は，研究的に創造され使用されるような専門用語ではなく，厳密にその意味内容が定義づけられた概念用語でもない。実践のなかで，実践状況の特徴とそこで用いられる考え方や行い方などを言い表そうとしたものであり，きわめて感覚的で曖昧さを内に含んだ用語であるといえる。それが発せられた文脈・状況から切り離して，その言葉自体だけで解釈しようとすると意味不明なもののように思われるし，ときにはまったく見当違いの解釈を導いてしまいかねないものである。

　そしてもう１つの重要な点は，その言葉がさし示している意味内容を生み出しているのは，その言葉を発した側ではなく，発せられた側，すなわちその言葉を投げかけられ受け止めていった発達主体としての教師自身であるという事実である。なぜならば，そこで生み出され，新たな発達や力量をもたらす原動力となった言葉の意味内容は，言葉を発した側がそこに込めた思いいかんを越えて，その言葉を投げかけられ受け止めていった教師自身が，自分自身の過去・現在を含む自らのライフコース上の諸経験と照らしあわせながら，自分自身にとっての価値ある内容として生み出し構成していったものだからである。

　本書の「おわりに」として，教師が自らの教職生活上の「転機」を語る際にしばしば用いられる象徴的な言葉に着目し，その言葉を契機として新たな発達

を生み出していく姿を把握し，「教師の言葉に学ぶ」意味を考えていきたい。

■（事例１）小学校男性 Q 教師のライフコース

　この事例においては，たとえば新任期において A 先輩教師から言われた，「お前のクラスは，授業以前の問題だなあ」がある。その当時の Q 教師には，「なんのことを言われているのかわからず，子どもたちの手のあげ方が悪いのかなあ，というぐらい」にしか受け止められなかった。しかしその後，Q 教師は，大学の教員養成系学部附属校への赴任とそこでの授業研究活動の経験を経て，A 先輩教師から言われた言葉の意味を，授業において，「子ども同士が未だ互いにわかりあっていないで，互いに引き寄せあったり，必要としあったりしていないことではなかったのか」「教師がどのような手法を採るかではなく，長い目で子どもをどう育てるか，教材研究はどうあるべきか，などを考えていなかったことに対する指摘ではなかったのか」と自分なりに理解するようになっていった。

　そのような，A 先輩教師の言葉に対する自分なりの意味解釈が明確になってきたのは，教師になって７年目を迎えていた時期であった。その７年という年月は，A 先輩教師から発せられた言葉に対して，Q 教師自身が自分自身にとっての意味を生み出していくために必要な教職経験と生活経験を含む時間であったといえよう。当時の A 先輩教師の意図はどのようなものであったのか，自分が生み出していった意味内容は A 先輩教師が意図したものと同じであるのかどうか，ということは確認することはできない。しかし，Q 教師が自らの実践を飛躍させ前進させるための授業づくりの基本指針を自ら生み出して，教師としての自らの発達を遂げていったことだけは確かな事実である。

　Q 教師には，もう１つの同様な経験もある。自主サークル的な勉強会のなかで出会った B 先輩教師に，「子どもが見えないんです」と相談したところ，「お前は，子どもに願いをもち過ぎる，願いをもつ前に子どもを見ようよ，そうすれば願いが生まれてくるものだ」という言葉が返ってきた経験である。その言葉は，それから20年余りを経て，Q 教師が校長職に就いてからの子どもたちや若い教師たちと向き合う基本姿勢にもつながるものとなった。Q 教師が校長と

して掲げた「なりたい自分になる」という学校づくりの基本目標へ，そして，その目標は，子どもたちに対してばかりでなく，若い教師たちにも向けられる基本目標へとつながっているからである。無意識的ながらも，大人・教師・校長として抱く理想的な子ども像や教師像に当てはめて見たり，善し悪しを判断したりするのではなく，子どもたちや若い教師たち自身が自分の願いに向かって挑戦することに対して，大人・教師・校長として「どれだけ受けとめられるか，価値づけてあげられるか，それを応援するよと言えるか」という基本姿勢をもつことが重要である，との認識形成にまでつながっているのである。

■ （事例2）小学校女性 V 教師のライフコース

　教職4年目，市内屈指の研究校から赴任してきた先輩教師の授業を参観し，そこでの子どもたちの姿に衝撃を受け，その後自分自身も授業に力を入れ，保護者にも「〔子どもと V 教師自身の真剣な姿がそこにあると思った〕子どものノートを見てください」と言うようになっていく。ある日，連絡のつきにくい，母子家庭で夜働いている保護者の家庭訪問をしたときのことである。母親は朝眠っているので，子どもは自分で起きて学校にくる，朝飯は食べてこない，夕食の時間には仕事に出るので，お金を渡してコンビニで弁当を買うようにさせているという家庭での子どもの実態を知る。結婚し，自分自身の子どもをもったばかりの V 教師は，「全国の母親の代表のような気持になって」いて，その母親に子どものためにしてほしいことを一生懸命語った。しかし返ってきたのは，予想もしなかった「食べていかなきゃならないのよ」の一言であった。V 教師は，「子どもは教師すら入り込めない，どうしようもすることもできない世界をかかえているのだ」ということに気づき，打ちのめされるのであった。そのとき，V 教師の心に残り，子どものために働く教師としてあり続けるための信念を生み出すきっかけとなったのは，「私たちは，家庭の問題をどうしてあげることもできない，でも，子どもは親を選べない，ならば，子どもを変えていくしかない，子どもを育てていくしかない」という学年主任の C 先輩女性教師の言葉だった。しかし，V 教師が，その言葉の自分自身にとっての意味内容を生み出していくのはもう少し時間が必要だった。

その後，Ｖ教師は，転任後の学校において授業研究に本格的に取り組む５年余りの経験を経て，「５～６年目には自分が変わったと思えるように」なる。そして，そのＣ先輩女性教師の一言の意味を，学校において「子どもを変えていくしかない，子どもを育てていくしかない」ということの意味を「理解したような気がした」という。すなわち，「子ども同士も話し合いの中で，仲間の話に耳を傾け，自分の出番をさがす。誰かが言ったことを認めて，言い直したり，自分の考えをそれに付け加えていく。そういう中で，自分も認められているんだということを認識し，仲間に対する思いやりや人間としての付き合い方，人間同士の気遣いなども学ばれていくと思った」というのが，Ｖ教師が自ら生み出していった意味理解であり，学校という場において教師としての自分自身の果たすべき役割の自覚であった。

　こうした教育実践を遂行するにあたっての教師の信念レベルともいえるものばかりでなく，次のような，実践経験のなかで自分自身の内から込み上げてきた思いが転機を生み出す契機となっていった経験事例と，そのなかで具体的な教師の方法・技術レベルのものを語った言葉もある。

■ （事例３）中学校男性Ｃ教師のライフコース

　初めて学級担任となりグループ学習論を手がかりとしながら学級づくりに努力していったときのことである。清掃活動，助け合い学習，課外活動など，いろいろな試みを行っていったが，しかし次第に「手を焼いていくと子どもが離れていく」というジレンマに陥っていった。そうしたジレンマのなかで，書店で手にした生活指導の本を読んで，「頭をぶん殴られる思いがして，自分にはこんなことが欠けていたんじゃないか」「学級を作っていくために子どもたちに自由が欠けていたんじゃないのか，子どもたちが何を言っても受け止めるようなものがなければいけないんじゃないのか」という強い思いにかられたという。以後，Ｃ教師の実践には，教師のイニシアティブでぐいぐいと学級全体を引っ張っていこうとするやり方から，ときには教師のやり方をも子どもたちに検討させ，子どもたちの討議結果をもとに学級の活動を推進していくというやり方への転換が生み出されていくことになったのである。

■（事例４）中学校男性Ｊ教師のライフコース

　同じく，転機のあとの自らの変容の姿を語った言葉，すなわち「押すばかりではなく，引いてみることを覚えた」という言葉をみることができる。Ｊ教師は，大学卒業後，最初の赴任校で生活指導に力を入れ，「理想に燃えていたが，理想通りにいかなくて嫌になって」いった。「45名の子どもたち，皆，個性を持った子どもが多かったために，一律に理想どおりには行かなかった」のである。そのような状況の打開を図ろうともがいているうちに赴任後４年ぐらいが経ったころ，「教職に慣れてきたなあ」という思いと同時に，「授業面では，しゃべりがなくなり，子どもにやらせるとか，子どもがまとめるとかが増え」「生徒指導の面では，自分〔Ｊ教師〕を主張するのではなく，相手の立場を考えるよう」な自分自身の指導上の変化を感じ始める。そのときに頭に浮かんできて，実践における自らの変容の姿を言い表したのが「押すばかりではなく，引いてみることを覚えた」という上記の言葉であった。

　Ｃ教師やＪ教師の事例における，「手を焼いていくと子どもが離れていく」や「押すばかりではなく，引いてみる」といった表現・言葉の意味する内容は，当然のことながら，子どもが物理的空間的に教師から離れていくことではないし，子どもたちを教師が力で押したり引いたりすることでもない。子どもが「離れていく」，子どもを「押す」「引いてみる」といった，それ自体としては極めて日常的で平凡な表現・言葉ではあるが，その表現・言葉を，生み出された状況のなかに据え，意味解釈しようとするならば，それぞれの教師の個人的事例，個人的〈実践知〉であることを越えて，教師という職業人が有する一般的にして本質的な部分ともいえる〈実践知〉を手繰り寄せ，理解することができるのではないだろうか。

　※以上の４つの事例はすべて，山﨑準二『教師と教師教育の変容と展望─結・教師のライフコース研究』（創風社，2023年）からである。ここでは紹介できなかったそのほかの事例も含めて，詳細は同書を参照願いたい。

　40歳代となった一人の女性教師は，若いころに先輩教師から言われ，心に残っている言葉として，「若さというだけで武器になる，若さをもっと利用しなさ

い」という言葉をあげている。そして、「そのときはよくわからなかったが、自分が中堅になったときに、『若い』ということで子どもたちは寄ってくるのだ、ということを感じた」とも述べている。

　若い教師は、いまだ力量の乏しい未熟で未完成な存在などではない。若い教師には、若いがゆえに有する力量（たとえば、上記の言葉のように、「若さ」はそれだけで子どもを引きつける力を有する）が本来的に備わっている。しかし、「若さ」はいつまでもあるものではない。「若さ」という力量は年齢とともに喪失していくという誰もが避けられない必然の過程のなかで、次第に喪失していく「若さ」に代わる、喪失していく「若さ」を補う新たな力量を自己形成し、それによって子どもたちを引きつけていかなくてはならない（たとえば、常に子どもと一緒の時間を過ごすというような関係の取り結び方から、充実したよい授業づくりをすることによって、授業で子どもたちと結びついていくというような関係の取り結び方の変化を生み出していかなくてはならない）。

　教師は、その生涯過程（ライフコース）において、心身の状態や職業上の力量のうちで、或るものは喪失していくと同時にそれを補うかのように別の或るものを新たに獲得していくことを繰り返しながら、ときには停滞や退化とも思えるような時期に陥りながらも、あるいは、ときにはそれまでの生活や実践を大きく変える飛躍の時期も創りつつ、生涯にわたって変容し発達していく。そして、その変容と発達を生み出していく契機となるのが、職業生活面における先輩や同僚の教師たち、ときには担当する子どもたちやその保護者たち、さらには私生活面においても家族や友人たちなど、さまざまな人々との交流やそのなかで投げかけられた言葉や自分自身で気づくことになった思いなどである。そういう意味では、互いに発達を支え促し合う存在としての先輩や同僚の教師たち、担当する子どもたちやその保護者たち、自分自身の家族や友人たちなどがいるのである。それらの存在から発せられる言葉、それらの存在との交流のなかで自ら気づくことになった思いを表現した言葉に耳を傾け、それらの言葉の自分自身にとっての意味内容を探り、自己創出していくことが、教師としての、人間としての発達にとって大切なのである。

巻末資料

■教員関連法令

日本国憲法
＊教育関連の条文（第三章の一部）を抜粋。
https : //www.mext.go.jp/b_menu/kihon/about/a002.htm

教育基本法
＊教育の原則を定めた法律
https : //www.mext.go.jp/b_menu/kihon/about/mext_00003.html

学校教育法
＊学校教育制度の基本枠組みを定めた法律
https : //www.mext.go.jp/b_menu/hakusho/html/others/detail/1317990.htm

学校教育法施行規則
＊学校教育法の施行に関わって必要な具体的な事項を定めた省令
https : //elaws.e-gov.go.jp/document?lawid=322M40000080011_20230401_505M6000008
0018

地方教育行政の組織及び運営に関する法律
＊都道府県・市町村における教育行政を規定する法律
https : //elaws.e-gov.go.jp/document?lawid=331AC0000000162

教育職員免許法
＊教育職員の免許に関する基準を定めた法律
https : //elaws.e-gov.go.jp/document?lawid=324AC0000000147_20220701_504AC000000
0040

教育職員免許法施行規則
＊教育職員免許法の規定を実施するための具体的な事項を定めた省令
https : //elaws.e-gov.go.jp/document?lawid=329M50000080026&openerCode=1

教員の地位に関する勧告
＊1966年にILO・ユネスコが採択した教員の適正な地位の保証を求めた勧告
https : //www.mext.go.jp/unesco/009/1387153.htm

教育公務員特例法
＊教育公務員の任免，給与，分限，懲戒，服務および研修等を規定した法律
https : //www.mext.go.jp/a_menu/shotou/tokubetu/material/07061116/003/034.htm

公立の義務教育諸学校等の教育職員の給与等に関する特別措置法（給特法）
＊公立学校の教育職員の給与やその他の勤務条件について特例を定めた法律。
https : //elaws.e-gov.go.jp/document?lawid=346AC0000000077_20230401_503AC000000
0063

■教師が理解しておくべき教育関連情報

児童の権利に関する条約
＊1989年に国連総会で採択された児童の権利を認め，児童の最善の利益のために行動し
なければならないと定めた国際条約
https : //www.mext.go.jp/a_menu/kokusai/jidou/main4_a9.htm

いじめ防止対策推進法
＊いじめの防止と対応について学校や行政等の責務を規定した法律
https : //www.mext.go.jp/a_menu/shotou/seitoshidou/1337278.htm

子どもの貧困対策の推進に関する法律
＊子どもの将来が家庭環境で決まらないために貧困対策の基本理念と国や行政の責務を
示した法律
https : //elaws.e-gov.go.jp/document?lawid=425AC1000000064_20230401_504AC100000
0077

教員育成指標の例 ＊教員の資質向上のため，各都道府県教育委員会等と大学等で構成される協議会が作成する教員の成長発達のガイドライン https : //www.mext.go.jp/b_menu/shingi/chukyo/chukyo3/002/siryo/__icsFiles/afieldfile/2017/01/20/1381365_04.pdf	
教員研修の実施体系（文科省資料） https : //www.mext.go.jp/a_menu/shotou/kenshu/__icsFiles/afieldfile/2019/10/29/1244827_001.pdf	
学校系統図（戦前日本：学制百二十年史より，現行日本，米，英：文科省教育指標の国際比較より） https : //www.mext.go.jp/b_menu/hakusho/html/others/detail/1318188.htm	

■中央教育審議会答申サイト

・「令和の日本型学校教育」を担う教師の養成・採用・研修等の在り方について～「新たな教師の学びの姿」の実現と，多様な専門性を有する質の高い教職員集団の形成～（答申）（中教審第240号） ・「令和の日本型学校教育」の構築を目指して～全ての子供たちの可能性を引き出す，個別最適な学びと，協働的な学びの実現～（答申）（中教審第228号）【令和３年４月22日更新】 ・新しい時代の教育に向けた持続可能な学校指導・運営体制の構築のための学校における働き方改革に関する総合的な方策について（答申）（第213号） https : //www.mext.go.jp/b_menu/shingi/chukyo/chukyo0/index.htm#pageLink2	

■教育データサイト

文部科学白書 ＊年度毎の教育行政の取組や教育状況等のデータと解説 https : //www.mext.go.jp/b_menu/hakusho/html/monbu.htm	
統計情報（文部科学省管轄） ・学校基本調査 ・学校教員統計調査 ・児童生徒の問題行動・不登校等生徒指導上の諸課題に関する調査 https : //www.mext.go.jp/b_menu/toukei/main_b8.htm	
公立学校教職員の人事行政の状況調査について ＊年度毎の教員の休職，昇進，処分等の実態データ（最新版で経年変化の確認可） https : //www.mext.go.jp/a_menu/shotou/jinji/1318889.htm	

■研究倫理に関する参考資料

「科学者の行動規範」日本学術会議 https : //www.scj.go.jp/ja/info/kohyo/pdf/kohyo-22-s168-1.pdf	
「科学の健全な発展のために―誠実な科学者の心得―」日本学術振興会 https : //www.jsps.go.jp/file/storage/general/j-kousei/data/rinri.pdf	

■研究倫理に関するｅラーニング・サイト

研究倫理ｅラーニングコース　独立行政法人日本学術振興会 https : //elcore.jsps.go.jp/top.aspx	
THE LAB 研究公正ポータル　国立研究開発法人科学技術振興機構 http : //lab.jst.go.jp/index.html	
研究倫理教育ｅラーニング　APRINｅラーニングプログラム（eAPRIN）　一般財団法人公正研究推進協会（APRIN） https : //edu.aprin.or.jp/	

〈2023年10月10日最終閲覧〉

索　引

[編著者]

山﨑 準二（やまざき じゅんじ）　学習院大学教授
〈主要著書〉
『教師のライフコース研究』創風社，2002年
『教師の発達と力量形成』創風社，2012年
『教師と教師教育の変容と展望』創風社，2023年
『考える教師―省察，創造，実践する教師』（共著）学文社，2012年
『教師という仕事・生き方　[第2版]』（編著）日本標準，2009年

紅林 伸幸（くればやし のぶゆき）　常葉大学教授
〈主要論文〉
「協働の同僚性としての《チーム》―学校臨床社会学から」『教育学研究第74』第2号，174-188頁，2007年
「高度専門職化と〈考える教師〉―教師文化論の視点から」『日本教師教育学会年報』第23号，30-37頁，2014年
「学校を構成するさまざまな専門職―《チームとしての学校》」佐久間亜紀・佐伯胖編『現代の教師論』〈アクティベート教育学2〉ミネルヴァ書房，2019年
「市民を育成する道徳教育に関する研究―スイス・ドイツ・チェコの事例から」川村光・越智康詞・望月耕太・加藤隆雄・紅林伸幸『関西国際大学教育総合研究叢書』（14），15-34頁，2021年
「大津市いじめ事件報道後の子どもたちが生きる場所―いじめ防止対策推進法と高裁判決の相克の先に」北澤毅・間山広朗編『囚われのいじめ問題―未完の大津市中学生自殺事件』岩波書店，2021年

専門職として成長し続ける教師になるために　―教職詳説―

2023年12月15日　第1版第1刷発行

編著　　山﨑 準二・紅林 伸幸
© YAMAZAKI Junji/KUREBAYASHI Nobuyuki 2023

発行者　二村 和樹
発行所　人言洞 合同会社 〈NingenDo LLC〉
　　　　〒234-0052　神奈川県横浜市港南区笹下6-5-3
　　　　電話　045（352）8675 （代）
　　　　FAX　045（352）8685
　　　　https://www.ningendo.net

印刷所　亜細亜印刷株式会社

定価はカバーに表示してあります。
乱丁・落丁の場合は小社にてお取替えします。

ISBN 978-4-910917-10-8